La montée de

BERNARD ARNAULT

Comment le leader du luxe le plus riche au monde a fait de LVMH une puissance mondiale et des leçons pour les entrepreneurs en herbe.

BRYSON HALE

Copyright © 2024 par Bryson Hale

Tous droits réservés. Aucune partie de cette publication ne peut être reproduite, distribuée ou transmise sous quelque forme ou par quelque moyen que ce soit, y compris la photocopie, l'enregistrement ou d'autres méthodes électroniques ou mécaniques, sans l'autorisation écrite préalable de l'auteur ou de l'éditeur, sauf en cas de brève citations incorporées dans des critiques critiques et certaines autres utilisations non commerciales autorisées par la loi sur le droit d'auteur.

Clause de non-responsabilité:

Ce livre a pour objectif de fournir des informations et un aperçu de la carrière de Bernard Arnault et du développement de LVMH. Bien que tous les efforts aient été faits pour garantir l'exactitude, l'auteur et l'éditeur déclinent toute responsabilité pour les erreurs, omissions ou dommages résultant de l'utilisation des informations contenues dans ce document. Ce livre est un ouvrage indépendant et n'est ni affilié ni approuvé par Bernard Arnault, LVMH ou aucune de ses filiales.

Avis de marque :

Tous les noms de marques, noms de sociétés, marques commerciales et marques déposées sont la propriété de leurs propriétaires respectifs et sont utilisés à des fins de référence uniquement. Leur utilisation dans ce livre n'implique aucune affiliation ou approbation de leur part.

TABLE DES MATIÈRES

Introduction..7
- Aperçu de la vie, de l'influence et des réalisations de Bernard Arnault........................7
- Importance de son histoire dans le contexte de l'industrie du luxe et du commerce mondial........9
- Objectif et vision du livre.................................. 11

Chapitre 1: Famille et éducation........................... 14
- Les antécédents familiaux d'Arnault et comment ils ont façonné ses valeurs................................14
- Influences clés pendant l'enfance qui ont suscité son intérêt pour les affaires.............................20

Chapitre 2: Éducation et premières ambitions........ 26
- Aperçu de son parcours académique............... 26

Chapitre 3: Le tournant à Boussac........................ 34
- Acquisition du groupe Boussac et actions stratégiques pour le sauver.............................34
- La décision d'acquérir Christian Dior................ 37
- Étude de cas : l'acquisition de Christian Dior....40
- Points de réflexion... 42

Chapitre 4: La naissance de l'empire LVMH............45
- Comment Arnault est devenu PDG de LVMH et a consolidé le portefeuille diversifié de l'entreprise.. 45
- Défis et stratégies au cours de la petite enfance, y compris les batailles au sein des conseils

- d'administration..50
  - Points de réflexion.. 52

Chapitre 5: Acquisitions stratégiques et expansion de la marque..54
  - Aperçu des acquisitions...................................54
  - Analyse de la manière dont chaque acquisition complète la stratégie de croissance de LVMH..59
  - Étude de cas : acquisition de Tiffany & Co. par LVMH... 62
  - Étude de cas : acquisition de Fendi et Bulgari..65
  - Points de réflexion.. 67

Chapitre 6: Naviguer sur les marchés mondiaux.... 69
  - Expansion sur les marchés émergents comme la Chine et le Moyen-Orient..............................70
  - Stratégies pour adapter les marques de luxe à différentes cultures tout en maintenant l'exclusivité..74
  - Points de réflexion.. 77

Chapitre 7: Style et vision de leadership 79
  - Aperçu des principes de leadership de Bernard Arnault..80
  - Sa vision du luxe et l'importance du patrimoine de marque..83
  - Points de réflexion.. 85

Chapitre 8: Favoriser la créativité et l'innovation....87
  - Comment Bernard Arnault attire et retient les meilleurs talents... 87
  - Le rôle de l'innovation pour maintenir la

    pertinence des marques LVMH.........................91
- Points de réflexion... 96

Chapitre 9 : Faire face à la concurrence et aux évolutions du marché...99
- Comment Arnault a fait face à la concurrence d'autres conglomérats de luxe..........................99
- Stratégies d'adaptation en période de ralentissement des marchés et de crises économiques mondiales............................... 105
- Étude de cas : concurrencer Kering et Richemont.. 111
- Points de réflexion...117

Chapitre 10: Gérer les controverses et les critiques.. 120
- Aperçu des critiques publiques liées aux pratiques commerciales et aux acquisitions... 120
- Comment Arnault a géré l'examen des médias et transformé les défis en opportunités...............125
- Points de réflexion.. 130

Conclusion... 135
- Leçons des premiers faux pas et leur rôle dans l'élaboration de ses décisions futures............. 135
- Réflexion sur l'héritage et l'impact durable de Bernard Arnault sur l'industrie du luxe........... 138
- Réflexions finales : leçons pour les aspirants entrepreneurs...140

Annexe A: Chronologie des événements majeurs de la carrière de Bernard Arnault................................. 145

Annexe B: Liste des marques LVMH et leur année d'acquisition...153

Introduction

Aperçu de la vie, de l'influence et des réalisations de Bernard Arnault

Le parcours de Bernard Arnault, de jeune homme doté d'un sens aigu des opportunités à leader du conglomérat de luxe le plus puissant du monde, est tout simplement remarquable. Né à Roubaix, en France, en 1949, Arnault a grandi dans un environnement entrepreneurial, influencé par l'entreprise de construction de sa famille. Sa formation à la prestigieuse École Polytechnique l'a doté d'une base en ingénierie, mais c'est son esprit visionnaire et son sens des affaires qui l'ont véritablement distingué.

Au début de sa carrière, Arnault a démontré une capacité astucieuse à identifier les opportunités et à naviguer dans des environnements commerciaux complexes. Sa première initiative notable fut l'acquisition stratégique de l'entreprise textile en difficulté Boussac, dans les années 1980, grâce à laquelle il prit le contrôle de Christian Dior. Cette décision charnière marque le début de sa transformation en une figure incontournable du secteur du luxe.

Sous la direction d'Arnault, LVMH (Moët Hennessy Louis Vuitton) est passée d'un ensemble de marques de luxe disparates à une force mondiale unifiée et dominante. Aujourd'hui, LVMH est la plus grande entreprise de produits de luxe au monde, avec un portefeuille de plus de 75 marques prestigieuses, dont Louis Vuitton, Dior, Tiffany & Co. et Dom Pérignon. La capacité d'Arnault à mélanger héritage et modernité a été l'un des principaux moteurs de ce succès, permettant aux marques emblématiques de conserver leur héritage tout en attirant les consommateurs contemporains. Son approche stratégique et sa recherche incessante de l'excellence lui ont valu une place parmi les individus les plus riches du monde, sa valeur nette étant régulièrement en compétition pour la première place mondiale.

Au-delà de la réussite financière, l'influence d'Arnault s'étend profondément dans l'industrie du luxe elle-même. Il a remodelé la façon dont le monde perçoit le luxe, en introduisant une nouvelle norme où la tradition rencontre l'innovation. Grâce à des acquisitions calculées, au développement de produits et à l'éducation des talents créatifs,

Arnault a défini les tendances qui ont défini le marché du luxe pendant des décennies. De la haute couture et de la haute joaillerie aux spiritueux haut de gamme et à la maroquinerie, la vision d'Arnault a guidé la croissance de LVMH dans tous les recoins du marché mondial, faisant de son histoire un modèle pour les entrepreneurs en herbe qui souhaitent laisser leur marque dans n'importe quel secteur.

Importance de son histoire dans le contexte de l'industrie du luxe et du commerce mondial

Le parcours de Bernard Arnault se démarque comme une étude de cas de leadership visionnaire sur le marché du luxe, offrant des informations inestimables sur la façon dont les décisions stratégiques d'un individu peuvent remodeler toute une industrie. Le secteur du luxe, traditionnellement connu pour son caractère exclusif et sa résistance au changement, a été considérablement influencé par la capacité d'Arnault à voir au-delà des tendances immédiates du marché. En se concentrant sur l'acquisition et la revitalisation de marques patrimoniales, il a transformé LVMH en un conglomérat qui allie harmonieusement savoir-faire historique et stratégies commerciales modernes. Son approche a redéfini l'essence du luxe, en en faisant non seulement une question d'exclusivité mais aussi d'innovation, de pertinence et de narration.

L'une des stratégies phares d'Arnault a été d'acquérir et de revitaliser des marques emblématiques. Son acquisition de Christian Dior a jeté les bases, mais les rachats ultérieurs comme Givenchy, Fendi et, plus récemment, Tiffany & Co., illustrent une tendance constante à rechercher des actifs sous-évalués offrant un potentiel de renouvellement. Grâce à ces acquisitions, Arnault a élargi la portée de LVMH dans les secteurs de la mode, de la joaillerie et des spiritueux, renforçant ainsi l'attractivité mondiale de la marque. Cette stratégie a créé un précédent quant à la façon dont les marques de luxe peuvent se développer grâce à une gestion prudente, faisant de son histoire un point de référence essentiel pour comprendre la dynamique d'acquisition et d'intégration de marque.

L'impact d'Arnault va au-delà du luxe ; cela reflète des tendances plus larges du commerce mondial, telles que les fusions et acquisitions, l'importance de la construction de marques et l'évolution des préférences des consommateurs fortunés. Son histoire offre des leçons sur l'adaptation aux dynamiques changeantes du marché, notamment la transformation numérique et la montée en puissance du marché du luxe en Asie, en particulier en Chine. La capacité d'Arnault à anticiper et à s'adapter à ces changements a consolidé la position de LVMH en tant que leader du secteur du luxe, et son style de leadership offre une fenêtre sur la navigation dans les complexités du marché mondialisé d'aujourd'hui. Pour les entrepreneurs, son parcours offre un rare aperçu du pouvoir de la vision, des acquisitions stratégiques et du dévouement indéfectible à l'intégrité de la marque.

Objectif et vision du livre

L'objectif de « L'ascension de Bernard Arnault » est de vous proposer une exploration complète de l'ascension de Bernard Arnault, en dévoilant les décisions stratégiques et l'esprit visionnaire qui l'ont poussé à faire de LVMH un empire du luxe. Cette biographie n'est pas seulement un récit de réalisations, mais une plongée profonde dans les méthodes, les valeurs et les philosophies de leadership qui ont guidé Arnault tout au long de sa carrière. Il vise à mettre en lumière les piliers stratégiques qui lui ont permis de créer un impact durable sur l'industrie du luxe, de la transformation de marques en difficulté en icônes mondiales au maintien d'une concentration constante sur l'innovation sans compromettre l'héritage.

Grâce à ce livre, vous découvrirez des concepts clés tels que le leadership face au changement, l'art de bâtir un empire du luxe et l'équilibre critique entre tradition et modernité. Les entrepreneurs en herbe trouveront de précieuses leçons dans l'approche d'Arnault en matière de fusions et d'acquisitions, apprenant à identifier les entreprises prometteuses et à les transformer en leaders du marché. De plus, le livre approfondira l'importance de s'adapter aux tendances du marché et aux changements technologiques, une compétence cruciale pour tout chef d'entreprise dans le monde en évolution rapide d'aujourd'hui.

Cette biographie cherche avant tout à vous inspirer de l'histoire d'un homme qui a non seulement conquis le marché du luxe mais qui l'a aussi redéfini. Il vise à fournir des conseils pratiques à ceux qui cherchent à imiter le succès d'Arnault, en mettant en avant des thèmes tels que la persévérance face à l'adversité, le pouvoir d'une vision claire et la capacité de voir le potentiel là où d'autres voient le risque. Le parcours de Bernard Arnault témoigne des possibilités de conjuguer passion et pragmatisme, offrant une feuille de route à quiconque a l'ambition de construire quelque chose qui dure. À travers ce récit, vous découvrirez comment le leader du luxe le plus riche du monde a construit un héritage qui transcende le temps, et comment lui aussi peut appliquer ces leçons pour tracer sa propre voie dans le monde des affaires.

Chapitre 1

Famille et éducation

Les antécédents familiaux d'Arnault et comment ils ont façonné ses valeurs

Bernard Arnault est né le 5 mars 1949 à Roubaix, ville du nord de la France, de Jean Léon Arnault et Marie-Josèphe Savinel. La famille Arnault était fortement enracinée dans la région, connue pour son histoire industrielle et son esprit d'entreprise. Roubaix, traditionnellement une ville ouvrière, connaissait des transitions économiques qui ont influencé la mentalité locale vers l'innovation et le travail acharné. L'éducation de Bernard dans cet environnement, entouré de l'éthos du travail, a jeté les bases de ses ambitions futures.

Jean Léon Arnault, le père de Bernard, a joué un rôle clé dans la trajectoire de la famille et dans la vision des affaires de Bernard. Il était propriétaire d'une entreprise de génie civil, Ferret-Savinel, initialement spécialisée dans les travaux publics avant de se tourner vers la promotion immobilière. Le statut économique de la famille pourrait être décrit comme celui de la classe moyenne supérieure, ce qui leur permet de vivre confortablement, tout en appréciant le travail acharné et l'ingéniosité. Marie-Josèphe, la mère de Bernard, jouait un rôle traditionnel au sein du foyer, cultivant un sens de la discipline et de l'appréciation culturelle, qui renforçaient encore les valeurs mises en avant par son père.

Les valeurs de la famille Arnault étaient profondément ancrées dans l'assiduité, l'ambition et l'importance de l'éducation. Cet environnement a favorisé l'intérêt précoce de Bernard pour les affaires et son désir de rechercher l'excellence dans tous ses efforts. Ses parents ont souligné l'importance de la réussite scolaire et cultivé un sentiment de curiosité chez leurs enfants, ce qui a conduit Bernard à exceller académiquement, pour finalement fréquenter la prestigieuse École Polytechnique de Paris.

L'influence de Jean Léon Arnault

Le rôle de Jean Léon Arnault en tant qu'entrepreneur et dirigeant de Ferret-Savinel a joué un rôle central dans l'élaboration de la perspective de Bernard sur les affaires et la gestion. Dès son plus jeune âge, Bernard a été exposé aux réalités de la gestion d'une entreprise, témoin des décisions stratégiques et des interactions de son père avec les clients et les employés. Cette exposition précoce lui a permis de comprendre les principes fondamentaux des opérations commerciales, notamment la gestion de projet, la prudence financière et l'importance d'entretenir des relations.

La réussite de Jean dans la transformation de Ferret-Savinel d'une entreprise de génie civil en une société immobilière a également appris à Bernard l'importance de l'adaptabilité et de la saisie des opportunités du marché. Voir son père prendre des risques calculés a laissé une impression durable sur Bernard, favorisant un appétit similaire pour les initiatives audacieuses, qui est devenu plus tard une caractéristique de sa carrière dans l'industrie du luxe. Le mentorat de Jean a fourni un exemple concret de la manière dont un état d'esprit entrepreneurial peut stimuler la croissance et la transformation, des principes que Bernard appliquera plus tard à plus grande échelle chez LVMH.

Cet environnement familial, marqué par la réflexion stratégique et l'ambition, a permis à Bernard de développer une perspective prospective, privilégiant la vision à long terme plutôt que les gains à court terme. L'approche de son père pour naviguer dans les complexités du monde des affaires a influencé les méthodes de Bernard pour diriger les acquisitions, les fusions et faire de LVMH le plus grand conglomérat de luxe au monde.

Traditions, valeurs et formation du caractère de Bernard

Outre les leçons pratiques de commerce dispensées par son père, l'éducation de Bernard a été imprégnée de traditions et de valeurs qui ont façonné son caractère. La maison Arnault mettait fortement l'accent sur la discipline, l'éthique du travail et le maintien d'un sentiment d'appréciation culturelle, notamment la musique, la littérature et les arts. Cet environnement culturel a ensuite joué un rôle dans l'intérêt de Bernard pour l'industrie du luxe et de la mode, alors qu'il a compris la valeur intrinsèque du patrimoine et de la créativité, tous deux essentiels au marché du luxe.

Les pratiques familiales dans la maison Arnault tournaient également autour de discussions sur l'avenir et l'importance de la vision. Jean impliquait souvent ses enfants dans des conversations sur l'avenir de l'entreprise familiale, créant ainsi une atmosphère où l'ambition et la planification étaient des thèmes constants. L'éducation de Bernard a cultivé un état d'esprit de toujours regarder vers l'avenir, ce qui s'est avéré inestimable lorsqu'il a ensuite décidé de passer de l'immobilier au monde des marques de luxe.

Le sentiment d'ambition inculqué à Bernard a été encore renforcé par la croyance de la famille dans le pouvoir de la persévérance et de la résilience. Être témoin des défis auxquels son père a été confronté alors qu'il dirigeait une entreprise a aidé Bernard à comprendre l'importance de la détermination pour réussir à long terme. Cette perspective s'est avérée essentielle lors des moments charnières de sa carrière, comme l'acquisition de Christian Dior et les manœuvres stratégiques qui ont conduit à la création de LVMH.

De plus, la tradition d'excellence de la famille Arnault signifiait que Bernard était toujours encouragé à viser le meilleur, que ce soit dans le domaine académique, sportif ou plus tard dans sa vie professionnelle. Cette volonté d'être le meilleur a jeté les bases de son esprit de compétition dans le monde des affaires, où il était connu pour sa recherche incessante de croissance et d'innovation chez LVMH.

L'impact d'Arnault sur LVMH et le marché du luxe

Les premières expériences de Bernard Arnault, façonnées par un mélange d'exposition entrepreneuriale, d'appréciation culturelle et de discipline rigoureuse, sont devenues le fondement de son style de leadership chez LVMH. Lorsqu'il a pris le contrôle de l'entreprise en 1989, il a appliqué les connaissances stratégiques et la vision à long terme tirées de son expérience familiale pour faire de LVMH une puissance mondiale. Son approche d'acquisition et de revitalisation de marques comme Christian Dior, Louis Vuitton et bien d'autres était guidée par un engagement à préserver l'héritage du luxe tout en favorisant l'innovation.

Sous la direction d'Arnault, LVMH s'est développé dans plus de 70 pays et a acquis plus de 75 marques, redéfinissant ainsi le marché du luxe. Son souci de préserver le savoir-faire et l'héritage des marques de luxe, tout en tirant parti des stratégies modernes de marketing et d'expansion mondiale, a transformé l'entreprise en un symbole d'excellence et de sophistication.

Influences clés pendant l'enfance qui ont suscité son intérêt pour les affaires

Dès son plus jeune âge, Bernard Arnault fait preuve d'une curiosité et d'un esprit vif qui laissent entrevoir son avenir dans le monde des affaires. Ayant grandi à Roubaix, une ville du nord de la France, Arnault était entouré de l'esprit industrieux de la région, connue pour son industrie textile et sa culture entrepreneuriale. Les antécédents familiaux ont joué un rôle crucial dans l'élaboration de ses premiers intérêts. Son père, Jean Léon Arnault, était un ingénieur civil qui dirigeait une entreprise de construction prospère, Ferret-Savinel. Cela permet à Bernard d'avoir une première exposition au monde de l'entreprise, notamment dans les domaines de la construction et de la promotion immobilière.

Premiers intérêts, passe-temps et activités

L'enfance d'Arnault a été marquée par un mélange d'excellence académique et d'activités créatives. Il a démontré un intérêt pour les mathématiques et la logique, s'engageant souvent dans des activités qui lui ont permis d'appliquer la réflexion stratégique. Ses amis et sa famille se souviennent que dès son enfance, Arnault montrait un penchant pour le leadership, organisant souvent des jeux et des projets axés sur la planification et l'exécution. Il a fait preuve d'une grande capacité à élaborer des stratégies, que ce soit dans un jeu simple ou dans la résolution d'un problème difficile, jetant les bases de son approche analytique des affaires plus tard dans sa vie.

La fascination d'Arnault pour l'architecture et le design est également apparue au cours de ces premières années, alimentée par le travail de son père dans le secteur de la construction. Il accompagnait souvent son père sur les chantiers de construction, observant les détails complexes des projets de construction et apprenant les nuances de la gestion d'une entreprise. Cette expérience l'a non seulement familiarisé avec les complexités du secteur de la construction, mais a également nourri un sentiment d'appréciation pour l'esthétique et le design, qui influencera plus tard sa vision des marques de luxe.

Expériences clés qui ont semé les graines de son intérêt pour les affaires

Plusieurs expériences vécues au cours de la jeunesse de Bernard Arnault ont joué un rôle déterminant dans l'émergence de son esprit d'entrepreneur. Une influence significative a été son exposition directe à l'entreprise familiale Ferret-Savinel. Passer du temps dans l'entreprise de son père a permis à Arnault d'acquérir un aperçu direct des aspects opérationnels de la gestion d'une entreprise, de la gestion des finances à la compréhension des relations avec les clients. Cette expérience a suscité son intérêt pour la dynamique de la gestion d'entreprise et l'importance de la prise de décision stratégique.

En plus de son exposition au secteur de la construction, l'intérêt précoce d'Arnault pour l'immobilier a été suscité par l'observation des projets d'expansion et de développement entrepris par l'entreprise de son père. Il est intrigué par le processus de transformation d'un concept en un actif tangible, une fascination qui se traduira plus tard par ses acquisitions stratégiques dans le secteur du luxe. Arnault a commencé à voir le potentiel d'identifier des actifs sous-évalués et de les transformer en entreprises rentables, une compétence qui allait devenir la marque de son approche d'homme d'affaires.

Son enfance a également été marquée par un vif intérêt pour les arts et la culture, qu'il envisageait sous l'angle des affaires. Il était captivé par l'idée d'allier créativité et succès commercial, un concept qui définira plus tard son leadership chez LVMH. Ce premier mélange d'appréciation pour la créativité et de sens stratégique a ouvert la voie à ses futurs projets sur le marché du luxe.

Moments et décisions cruciaux dans sa jeunesse

Plusieurs moments charnières de la jeunesse de Bernard Arnault préfigurent son avenir de magnat des affaires. Un de ces moments s'est produit au cours de son adolescence lorsqu'il a exprimé le désir de transformer l'entreprise de construction de son père en une entreprise plus diversifiée. Dès cette époque, Arnault a montré sa volonté de remettre en question le statu quo et de penser au-delà des frontières conventionnelles de l'entreprise familiale. Cette vision démontrait sa réflexion stratégique et son ambition de se développer sur de nouveaux marchés, un trait qui caractérisera plus tard son approche de la construction d'un empire mondial du luxe.

L'ambition d'Arnault était également évidente dans ses activités académiques. Il a étudié à la prestigieuse École Polytechnique, l'une des meilleures écoles d'ingénieurs de France, où il a développé ses compétences analytiques et stratégiques. Cette formation a solidifié sa réputation de penseur discipliné, capable de combiner expertise technique et vision créative. Son passage à l'École Polytechnique a approfondi sa compréhension de la résolution de problèmes et de la planification stratégique, compétences qu'il appliquera plus tard à ses stratégies commerciales chez LVMH.

Une autre décision clé au début de sa vie a été sa détermination à s'aventurer au-delà du secteur de la construction et à explorer les opportunités dans des secteurs alliant créativité et commerce. Cette envie de tracer sa propre voie et de penser au-delà des industries traditionnelles le distingue de ses pairs. Sa volonté d'atteindre la grandeur était évidente dès sa jeunesse, alors qu'il cherchait continuellement des occasions de se mettre au défi et d'élargir ses horizons.

Ces expériences formatrices, associées à son exposition à l'entreprise familiale, ont jeté les bases de l'avenir de Bernard Arnault en tant que leader visionnaire de l'industrie du luxe. Son intérêt précoce pour la réflexion stratégique, la créativité et la recherche incessante de l'excellence sont devenus les forces motrices de son ascension vers la notoriété. C'est cette combinaison de rigueur analytique et d'appréciation des belles choses de la vie qui a finalement conduit Arnault à construire et transformer LVMH en le premier conglomérat de luxe au monde, laissant une marque indélébile sur l'industrie et façonnant l'avenir des marchés mondiaux du luxe.

Chapitre 2

Éducation et premières ambitions

Aperçu de son parcours académique

Le parcours éducatif de Bernard Arnault a commencé dans la ville de Roubaix, dans le nord de la France, où il a grandi dans une famille qui valorisait à la fois la discipline et la curiosité intellectuelle. Dès son plus jeune âge, Arnault se distingue comme un étudiant assidu, démontrant une aptitude particulière pour les mathématiques et les sciences. Cette affinité pour la pensée analytique et la résolution de problèmes est devenue une caractéristique de ses efforts universitaires et a finalement guidé ses choix de carrière.

Le point culminant des premières études d'Arnault est survenu lorsqu'il a été admis à la prestigieuse École Polytechnique, l'un des établissements d'enseignement supérieur en ingénierie les plus renommés de France. Fondée en 1794, l'École

Polytechnique a la réputation de former des leaders dans les domaines des sciences, de l'ingénierie et, plus récemment, des affaires. Il est souvent considéré comme le terrain de formation de l'élite française, avec un programme rigoureux conçu pour inculquer à ses étudiants la discipline, la rigueur intellectuelle et un esprit stratégique.

En 1969, Arnault entre à l'École Polytechnique et rejoint les rangs des jeunes esprits les plus prometteurs de France. Son séjour dans cette institution a été caractérisé par un mélange d'études théoriques et d'applications pratiques, lui offrant un mélange unique de connaissances qui se révéleront plus tard inestimables dans ses entreprises. Les matières qu'il a étudiées comprenaient des principes avancés de mathématiques, de physique et d'ingénierie, qui ont tous perfectionné sa pensée analytique et ses capacités de résolution de problèmes. Ces domaines d'études, bien que de nature technique, ont favorisé une approche structurée et logique pour relever des défis complexes – une compétence qui définira plus tard son approche stratégique pour bâtir un empire commercial.

L'École Polytechnique n'était pas seulement un lieu d'apprentissage académique mais aussi un espace où l'on cultivait les qualités de leadership. Les pairs d'Arnault le décrivent comme un étudiant concentré et ambitieux, qui repousse souvent les limites de la pensée conventionnelle. Malgré l'intensité des cours, il a trouvé le temps d'explorer ses intérêts en dehors de la salle de classe, en particulier sa fascination naissante pour le monde des affaires. Il existe des anecdotes d'Arnault discutant d'idées commerciales avec ses camarades de classe pendant les pauses, démontrant un vif intérêt pour la manière dont les principes d'ingénierie pourraient être appliqués au-delà des domaines techniques et dans les domaines du commerce et de la stratégie.

Le passage d'Arnault à l'École Polytechnique l'a également exposé à un environnement compétitif où il a appris la valeur de la persévérance et de la prospective stratégique. Le programme exigeant de l'école l'obligeait à adopter une approche disciplinée dans ses études, favorisant une résilience qui lui serait plus tard utile dans le monde aux enjeux élevés des acquisitions de luxe.

Aspirations professionnelles initiales et comment ses études l'ont préparé aux défis futurs

Avant même de terminer ses études à l'École Polytechnique, Bernard Arnault nourrissait des ambitions qui dépassaient le domaine de l'ingénierie. Ayant grandi avec un père qui dirigeait une entreprise de génie civil prospère, Ferret-Savinel, Arnault a très tôt apprécié le monde des affaires et il a souvent envisagé un avenir combinant son expertise technique avec une vision commerciale plus large. Son passage à l'École Polytechnique, où il développe une pensée structurée et méthodique, cristallise encore davantage son désir de s'imposer dans le paysage des affaires.

Diplômé de l'École Polytechnique en 1971, Arnault décide de rejoindre l'entreprise de son père, une démarche qui marque le début de sa transition de la vie académique au monde des affaires. Son rôle initial chez Ferret-Savinel impliquait de travailler en étroite collaboration avec l'équipe de direction, où il a mis en œuvre les compétences analytiques et la réflexion stratégique qu'il avait développées au cours de ses études. Bien que l'industrie de la construction soit très éloignée du secteur du luxe qu'il dominera plus tard, elle offre à Arnault une expérience inestimable en matière de leadership, de négociation et de planification financière.

La décision d'Arnault de rejoindre Ferret-Savinel n'a pas été sans difficultés. Le secteur de la construction en France dans les années 1970 était compétitif et les conditions économiques étaient souvent imprévisibles. Cependant, ces défis ont servi de terrain d'essai pour tester la capacité d'Arnault à gérer des dynamiques commerciales complexes. Il a rapidement démontré un talent pour identifier les opportunités sur le marché, en utilisant l'approche disciplinée qu'il avait développée à l'École Polytechnique pour évaluer les risques et planifier stratégiquement. Cette façon de penser méthodique est devenue une caractéristique de son approche des affaires, lui permettant de prendre des décisions calculées qui équilibrent ambition et pragmatisme.

Les premières années d'Arnault chez Ferret-Savinel révèlent également une ambition plus profonde qui va au-delà de la simple gestion de l'entreprise familiale. Il envisageait de transformer Ferret-Savinel en une entreprise plus diversifiée, montrant très tôt une inclination vers l'innovation et la croissance. En 1976, Arnault persuade son père de réorienter l'entreprise vers le développement immobilier, une décision qui s'avère cruciale. Cette décision marque le début de l'incursion d'Arnault dans l'identification des actifs sous-évalués et leur transformation en entreprises rentables – une compétence qui sera plus tard cruciale dans son acquisition de LVMH.

Tout au long de cette période, l'expérience d'Arnault en tant qu'ingénieur s'est avérée inestimable. Sa capacité à aborder les problèmes avec un esprit technique lui a permis d'évaluer les opportunités commerciales sous un angle unique, en identifiant les domaines d'amélioration et d'innovation. La discipline qu'il a développée à l'École Polytechnique se traduit par un souci du détail qu'il applique à tous les aspects des opérations de l'entreprise. Ce mélange de rigueur analytique et de volonté d'adopter de nouvelles idées le distingue en tant que leader, même au début de sa carrière.

Au fur et à mesure qu'Arnault assumait davantage de responsabilités de direction chez Ferret-Savinel, il commença à se forger une réputation pour sa réflexion stratégique et son ambition. Cependant, ses aspirations ont rapidement commencé à s'étendre au-delà des secteurs de la construction et de l'immobilier. Il recherchait des opportunités qui lui permettraient de combiner sa passion pour l'esthétique, la créativité et les affaires. Au début des années 1980, Arnault avait jeté son dévolu sur l'industrie du luxe, un secteur qu'il considérait comme mûr pour une transformation grâce à des investissements stratégiques et un leadership visionnaire.

La transition d'Arnault du monde de l'ingénierie et de l'immobilier vers le luxe n'a pas été sans risques. L'environnement des affaires français de l'époque connaissait des changements importants et le marché du luxe était considéré comme un secteur de niche traditionnel. Pourtant, l'éducation et le début de carrière d'Arnault l'avaient préparé à affronter de telles complexités. Sa formation en pensée analytique et en planification stratégique lui a permis d'identifier des opportunités là où d'autres voyaient des défis, jetant ainsi les bases de son succès futur chez LVMH.

En résumé, le parcours scolaire de Bernard Arnault à l'École Polytechnique et ses débuts de carrière chez Ferret-Savinel ont contribué à façonner le sens des affaires et l'esprit stratégique qui définiront plus tard son style de leadership. La combinaison d'une formation académique rigoureuse, d'une exposition précoce aux affaires et d'une vision ambitieuse pour l'avenir a ouvert la voie à l'ascension d'Arnault en tant que figure transformatrice de l'industrie mondiale du luxe. Ces expériences l'ont non seulement préparé à relever les défis du monde des affaires, mais ont également inspiré sa recherche incessante de l'excellence, de l'innovation et de la croissance stratégique, des qualités qui feront de lui le moteur de la transformation de LVMH en une puissance mondiale.

Chapitre 3

Le tournant à Boussac

L'acquisition du Groupe Boussac en 1984 marque un moment charnière dans la carrière de Bernard Arnault et le début de son ascension en tant que leader mondial du luxe. C'était une démarche audacieuse qui poserait les bases de ses succès futurs, notamment la création de l'empire LVMH. Ce chapitre explore l'importance de l'acquisition de Boussac, les décisions stratégiques d'Arnault pour revitaliser le conglomérat en difficulté, et comment son entrée audacieuse dans le secteur du luxe, notamment par l'intermédiaire de Christian Dior, a préparé le terrain pour sa transformation du marché mondial du luxe.

Acquisition du groupe Boussac et actions stratégiques pour le sauver

En 1984, Bernard Arnault fait la une des journaux avec son acquisition du conglomérat textile français en difficulté, Boussac Saint-Frères. À l'époque,

Boussac était connu comme un géant industriel de premier plan dans l'industrie textile française, dont les racines remontaient au XIXe siècle. Cependant, dans les années 1980, l'entreprise connaît de graves difficultés financières. Les méthodes de production obsolètes de Boussac, son lourd endettement et son incapacité à s'adapter à l'évolution de la dynamique du marché l'avaient laissé au bord de la faillite. Parmi ses actifs figurent plusieurs usines textiles, le grand magasin Bon Marché et surtout la célèbre maison de couture Christian Dior.

La décision d'Arnault de cibler Boussac était à la fois ambitieuse et stratégique. Alors que beaucoup considéraient le déclin de l'entreprise comme un signe d'échec, Arnault y a vu une opportunité unique. Il pensait que le portefeuille Boussac contenait des actifs précieux, en particulier Christian Dior, qui pourraient être revitalisés avec un leadership et une vision appropriés. Fort d'une formation d'ingénieur et d'une expérience dans le redressement de l'entreprise familiale, Arnault était confiant dans sa capacité à identifier le potentiel sous-estimé de Boussac.

L'acquisition elle-même était une entreprise complexe et risquée. Utilisant les fonds de l'entreprise immobilière de sa famille et obtenant le soutien supplémentaire de la banque d'investissement française Lazard Frères, Arnault a acheté Boussac pour 1 franc, un prix symbolique qui soulignait l'état désastreux des finances de l'entreprise. Cette décision n'a pas été sans difficultés. Arnault a été confronté à la concurrence d'autres acheteurs potentiels et au scepticisme des institutions financières quant à la viabilité du sauvetage du conglomérat en difficulté. Néanmoins, sa détermination à procéder à l'acquisition a révélé un aspect essentiel de sa philosophie d'entreprise : la volonté de prendre des risques calculés pour des opportunités très rémunératrices.

Une fois aux commandes de Boussac, Arnault met rapidement en œuvre un plan de redressement qui deviendra la marque de son approche stratégique. Il a commencé par vendre des actifs non essentiels pour stabiliser les finances de l'entreprise, notamment en désinvestissant ses participations dans la production textile et en vendant le grand magasin Bon Marché. Cette décision a non seulement réduit le fardeau de la dette de Boussac, mais a également permis à Arnault de concentrer ses efforts sur la partie la plus précieuse du portefeuille : Christian Dior. Comme il l'a fait remarquer plus tard,

« Vous devez vous concentrer sur les choses qui apportent la plus grande valeur et laisser tomber le reste. C'est le seul moyen de transformer une entreprise en échec en une entreprise prospère.

Les actions d'Arnault au cours de cette période ont mis en évidence sa capacité à combiner orientation stratégique et discipline financière. En rationalisant les opérations de Boussac et en supprimant les activités non essentielles, il a positionné l'entreprise pour un avenir durable. Ses efforts pour relancer le groupe reflétaient également sa vision à long terme : il n'était pas intéressé par des gains à court terme mais par la construction d'une base solide pour une croissance future. La transformation de Boussac a été la première démonstration significative de la capacité d'Arnault à identifier la valeur cachée et à transformer des actifs en difficulté en entreprises rentables.

La décision d'acquérir Christian Dior

Au cœur de l'acquisition de Boussac se trouvait la décision stratégique d'Arnault de conserver le contrôle de Christian Dior, une marque qu'il considérait comme le joyau du conglomérat. Si Dior était surtout connue pour sa ligne de mode emblématique, elle souffrait d'un manque d'orientation stratégique ces dernières années. Arnault, cependant, a reconnu que le nom de Dior portait un prestige intemporel qui pouvait être revitalisé avec une vision et un leadership appropriés. Cette acquisition marque sa première entrée significative dans le secteur du luxe et deviendra la pierre angulaire de son futur empire.

Arnault a compris que Dior ne représentait pas seulement une marque de mode, mais un symbole du patrimoine culturel français. Il a vu en Dior le potentiel de créer une puissance mondiale du luxe qui pourrait rivaliser avec n'importe quelle autre dans le monde. En 1985, il prend le contrôle de Christian Dior et entame un processus méthodique de rebranding et de reconstruction de la maison. Son approche allie le respect de la riche histoire de la marque à une vision de modernisation et d'expansion. *"Dans le luxe, il faut toujours préserver le rêve tout en le rendant pertinent aujourd'hui"*, Arnault réfléchira plus tard, soulignant sa croyance dans l'équilibre délicat entre tradition et innovation.

L'une des décisions clés d'Arnault a été d'investir dans l'apport de nouveaux talents créatifs pour diriger l'orientation du design de Dior. Conscient que le marché du luxe prospère grâce à la créativité et à la vision artistique, il a recherché des créateurs capables de mélanger l'élégance classique de Dior avec une touche contemporaine. Cet accent mis sur le renouveau créatif a contribué à redynamiser l'image de la marque, attirant une nouvelle génération de passionnés de mode tout en fidélisant la clientèle principale de Dior.

Sous la direction d'Arnault, Christian Dior a également étendu sa présence mondiale, établissant une présence plus forte sur des marchés clés tels que les États-Unis et l'Asie. Cette expansion stratégique a permis à Dior de pénétrer les marchés émergents du luxe, renforçant ainsi sa position de leader de la haute couture et des produits de luxe. La vision d'Arnault pour Dior en tant que marque mondiale démontrait sa compréhension de l'évolution du consommateur de luxe et sa capacité à anticiper les tendances du marché – une compétence qui définira plus tard sa direction de LVMH.

Étude de cas : l'acquisition de Christian Dior

L'acquisition de Christian Dior constitue un cas d'école privilégié des prouesses stratégiques de Bernard Arnault dans le monde des affaires. Lorsqu'Arnault rachète Boussac, Christian Dior n'est qu'une partie d'un conglomérat tentaculaire, mais celui-ci devient rapidement son principal objectif. Cette étude de cas examine comment il a tiré parti de cette acquisition pour jeter les bases d'un empire mondial du luxe.

Stratégies financières et négociations

L'approche d'Arnault en matière d'acquisition impliquait des manœuvres financières astucieuses. Avec un investissement initial relativement modeste, il prend le contrôle des précieux actifs de Boussac, dont Dior. Le soutien de Lazard Frères a été crucial, lui permettant de surmonter les défis financiers de la transaction. En utilisant la vente d'actifs non essentiels pour financer ses efforts de restructuration, Arnault a minimisé les risques tout en maximisant les rendements potentiels. Cette utilisation stratégique du capital a été un élément clé pour transformer l'acquisition en une entreprise rentable.

Restructurer Dior et surmonter les défis

Après avoir pris le contrôle de Dior, Arnault a été confronté à plusieurs défis, notamment la nécessité de restructurer la gestion de la marque et de moderniser ses opérations. En interne, il a rationalisé les processus, en faisant appel à une nouvelle direction pour garantir que les pratiques commerciales de Dior correspondent aux normes élevées de sa vision créative. En externe, il s'est concentré sur l'amélioration de l'image de marque de Dior grâce à des campagnes marketing ciblées et à des partenariats avec les plus grandes publications de mode.

L'un des principaux obstacles rencontrés par Arnault fut la résistance des acteurs de l'industrie qui se méfiaient de ses projets ambitieux. Beaucoup se demandaient si un homme d'affaires relativement inconnu, extérieur à l'industrie de la mode, pouvait comprendre les nuances du luxe. Pourtant, l'accent mis par Arnault sur la stratégie à long terme plutôt que sur les gains à court terme a progressivement séduit les sceptiques, prouvant que son esprit analytique et son souci de la qualité pourraient transformer Dior en une marque mondiale de premier plan.

Contexte et impact de l'industrie

Au moment du rachat d'Arnault, l'industrie du luxe était dans une période de transition. L'essor des marchés mondiaux et l'évolution des préférences des consommateurs ont obligé les marques de luxe traditionnelles à s'adapter sous peine d'obsolescence. Le succès d'Arnault avec Dior est devenu un modèle pour moderniser une marque historique tout en préservant son héritage. En se concentrant à la fois sur les aspects créatifs et commerciaux de l'entreprise, il a établi une nouvelle norme en matière de gestion du luxe, influençant l'ensemble du secteur.

Points de réflexion

Réfléchissez aux questions ci-dessous en réfléchissant aux décisions stratégiques de Bernard Arnault avec Boussac et Dior :

- Comment identifier et saisir les opportunités dans des secteurs où d'autres voient l'échec ou le déclin ?

L'acquisition de Boussac par Arnault illustre l'importance de voir le potentiel là où d'autres voient le risque. Comment pouvez-vous appliquer cet état d'esprit à vos propres entreprises ?

- Quelles mesures clés prendriez-vous pour redresser une entreprise en difficulté et recentrer ses actifs ?
L'accent mis par Arnault sur la cession d'actifs non essentiels et la concentration sur les marques à forte valeur ajoutée a été au cœur de son succès. Comment aborderiez-vous la restructuration d'une entreprise confrontée à des défis similaires ?

- Comment équilibreriez-vous tradition et innovation lors du changement de marque d'une entreprise historique comme Dior ?
Les efforts d'Arnault pour moderniser Dior tout en respectant son héritage offrent des informations précieuses aux entrepreneurs cherchant à rafraîchir des marques établies. Comment pouvez-vous trouver un équilibre entre honorer la tradition et adopter les nouvelles tendances ?

L'acquisition de Boussac a été plus qu'un simple tournant pour Bernard Arnault ; c'était une masterclass sur la réflexion stratégique, la prise de risque et le pouvoir de la vision. Sa capacité à voir au-delà du présent et à façonner l'avenir de l'industrie du luxe a ouvert la voie à la création de

LVMH et à son ascension en tant qu'icône mondiale du monde des affaires. Grâce à ses actions, les aspirants entrepreneurs peuvent apprendre la valeur de la prévoyance, de la concentration et de la recherche incessante de l'excellence.

Chapitre 4

La naissance de l'empire LVMH

Comment Arnault est devenu PDG de LVMH et a consolidé le portefeuille diversifié de l'entreprise

Le parcours de Bernard Arnault à la tête de LVMH est marqué par un sens stratégique, des investissements audacieux et une vision qui a remodelé l'industrie du luxe. L'histoire commence au milieu des années 1980 lorsque Arnault, un promoteur immobilier au sens aigu des affaires, acquiert Boussac Saint-Frères, un conglomérat de textile et de vente au détail en difficulté qui possédait Christian Dior. Cette acquisition a été rendue possible grâce à son partenariat avec Lazard Frères, qui lui a permis de racheter le groupe pour un franc symbolique. Conscient du potentiel de Dior, Arnault a conservé la marque tout en vendant d'autres actifs, stabilisant ainsi les finances de l'entreprise et ouvrant la voie à de plus grandes ambitions.

Le prochain tournant décisif d'Arnault a eu lieu en 1987 lorsqu'il s'est associé à Alain Chevalier, PDG de Moët Hennessy, et Henry Racamier, président de Louis Vuitton, pour former LVMH. Initialement, la fusion visait à empêcher les OPA hostiles, en tirant parti des forces combinées de Moët Hennessy et de Louis Vuitton. Cependant, des luttes de pouvoir internes ont rapidement émergé, motivées par des visions divergentes de l'avenir du conglomérat. Arnault profite de cette discorde pour augmenter progressivement sa participation dans LVMH. En 1988, il investit 1,6 milliard de dollars pour créer une société holding qui acquiert 24 % des actions de LVMH, suivi d'achats supplémentaires qui confortent sa position de principal actionnaire. En janvier 1989, après avoir acquis 43,5 % des actions LVMH et 35 % de ses droits de vote, Arnault atteint une position cruciale de « minorité de blocage », lui permettant d'empêcher tout démantèlement du groupe. Cette manœuvre a abouti à son élection à l'unanimité à la présidence du directoire, consolidant ainsi son contrôle sur l'entreprise.

Le leadership d'Arnault a marqué une évolution vers une expansion et une consolidation agressives. Il a adopté une stratégie qui équilibre le respect de l'héritage de chaque marque avec la volonté d'innovation, favorisant un environnement où coexistent tradition et modernité. Cette approche était évidente lorsque LVMH a commencé à acquérir et à intégrer des marques de luxe, constituant ainsi un portefeuille comprenant des noms comme Céline, Kenzo et Guerlain. Sous Arnault, LVMH est passé d'une entité naissante à une puissance mondiale, chaque acquisition étant soigneusement choisie pour améliorer l'offre de luxe et la portée mondiale du conglomérat.

Acquisitions stratégiques et synergie de portefeuille

La vision d'Arnault pour LVMH était ancrée dans sa conviction que chaque marque devait conserver son identité unique tout en bénéficiant des ressources et de l'expertise partagées du conglomérat. Cette approche a permis aux marques de s'épanouir de manière créative, tout en contribuant à la force collective de LVMH. Par exemple, l'acquisition de Céline en 1988 a élargi la présence de LVMH sur le marché de la mode, tandis que les investissements dans Christian Lacroix ont démontré un engagement envers la haute couture en résonance avec l'héritage prestigieux de la marque.

Arnault s'est également attaché à garantir des synergies entre les différents segments de LVMH, tels que la mode, la maroquinerie et les vins et spiritueux. L'intégration de marques comme Moët & Chandon et Hennessy sous l'égide de LVMH illustre cette stratégie, permettant à l'entreprise de dominer à la fois les marchés de la mode et des boissons de luxe. Cette diversification a non seulement minimisé les risques, mais a également renforcé l'attrait du luxe de la marque LVMH auprès de différents segments de consommateurs.

Ces acquisitions stratégiques et l'intégration minutieuse des marques reflétaient la vision à long terme d'Arnault : créer un leader mondial du luxe qui établisse la norme d'excellence. Sa capacité à gérer des négociations complexes, à anticiper les tendances du marché et à favoriser une culture de l'innovation a fait de LVMH synonyme de luxe.

Points de réflexion pour les aspirants entrepreneurs

1. Maîtriser l'art du timing : L'ascension d'Arnault au sein de LVMH témoigne de l'importance du timing dans les affaires. En identifiant les bons moments pour investir et se développer, il a transformé LVMH d'une fusion naissante en un leader mondial du luxe. Les entrepreneurs en herbe peuvent apprendre de sa patience et de sa volonté d'agir lorsque les opportunités se présentent.

2. Équilibrer tradition et innovation : L'une des principales forces d'Arnault était sa capacité à maintenir l'héritage de marques emblématiques tout en les poussant vers la modernité. Pour les entrepreneurs, trouver cet équilibre peut s'avérer crucial dans les secteurs où l'héritage de la marque a une valeur significative.

3. Le pouvoir de la vision stratégique : La vision d'Arnault pour LVMH allait au-delà des profits à court terme. Il a bâti un conglomérat capable de perdurer et de s'adapter aux conditions changeantes du marché. Cette orientation à long terme constitue une leçon précieuse pour les entrepreneurs qui souhaitent bâtir des entreprises durables.

Selon les mots de Bernard Arnault, *"Le luxe est la combinaison de la créativité et du temps."* Son leadership chez LVMH illustre comment une vision claire, combinée à des actions stratégiques, peut façonner un empire qui définit une industrie.

Défis et stratégies au cours de la petite enfance, y compris les batailles au sein des conseils d'administration

Le parcours de Bernard Arnault dans la construction de l'empire LVMH est marqué par des manœuvres stratégiques et une résilience face aux conflits internes et aux luttes de pouvoir au sein des conseils d'administration. Après avoir acquis une participation importante dans LVMH en 1988, Arnault se heurte à la résistance des dirigeants existants au sein du conglomérat. Henry Racamier, alors président de Louis Vuitton, a d'abord collaboré avec Arnault pour former LVMH à la suite d'une fusion entre Moët Hennessy et Louis Vuitton. Cependant, les divergences stratégiques ont rapidement conduit à des tensions internes. Arnault envisageait une approche plus centralisée et agressive pour développer le conglomérat, tandis que Racamier préférait maintenir plus d'autonomie pour Louis Vuitton.

Pour consolider le contrôle, Arnault a procédé à une série d'achats d'actions stratégiques, atteignant finalement une minorité de blocage dans LVMH en janvier 1989. Cette manœuvre lui a permis d'assurer le contrôle des décisions du conseil d'administration et de neutraliser efficacement l'opposition des autres parties prenantes. Arnault a ensuite orchestré l'éviction de Racamier du conseil d'administration, se positionnant comme président du directoire exécutif. Cette période d'intenses batailles au sein des conseils d'administration a été cruciale pour consolider l'influence d'Arnault, lui permettant d'orienter LVMH vers sa vision d'un empire du luxe étroitement géré.

Le sens stratégique d'Arnault s'étendait au-delà des manœuvres de conseil d'administration. Dans les premières années de la création de LVMH, il a mis en œuvre des mesures de réduction des coûts pour stabiliser les finances de l'entreprise, une décision qui a impliqué de durs efforts de restructuration, notamment d'importants licenciements. Pourtant, il a équilibré ces ajustements à court terme avec une vision à long terme visant à accroître le prestige des marques de LVMH. Cela comprenait l'acquisition de marques de luxe sous-performantes comme Céline et Loewe et leur transformation en symboles mondiaux d'élégance.

Arnault a également donné la priorité à l'innovation en matière de marketing, plaçant les marques LVMH à l'avant-garde du luxe tout en conservant leur attrait patrimonial. Il a par exemple sponsorisé des designers de renom comme Christian Lacroix pour rajeunir l'image de l'entreprise et attirer de nouveaux clients. Cette approche a permis à LVMH de renforcer son rayonnement mondial tout en restant fidèle à l'héritage de ses marques.

Les défis et les stratégies de cette phase ont été déterminants pour façonner l'avenir de LVMH. La capacité d'Arnault à gérer les conflits internes et à mettre en œuvre une vision stratégique claire lui a permis de transformer LVMH en un acteur dominant sur le marché du luxe. Son style de leadership, caractérisé par un équilibre entre des actions décisives et une concentration sur la croissance à long terme, a jeté les bases du succès du conglomérat au cours des décennies suivantes.

Points de réflexion

1. Comment pouvez-vous appliquer l'approche d'Arnault pour surmonter les défis internes dans votre propre rôle de leadership ? Réfléchissez à la

manière dont le maintien d'une vision stratégique tout en gérant les conflits pourrait influencer l'efficacité de votre leadership.

2. Quelles stratégies de la direction de LVMH par Arnault pourraient vous aider à gérer un portefeuille diversifié de projets ou d'activités ? Réfléchissez à la manière dont un équilibre entre les décisions financières immédiates et les plans de croissance à long terme peut bénéficier à vos efforts.

3. Comment la vision d'Arnault pour LVMH vous incite-t-elle à voir plus grand dans vos projets entrepreneuriaux ? Réfléchissez à l'importance d'adopter des mesures audacieuses et de fixer des objectifs ambitieux pour réussir.

Ces points de réflexion visent à relier les leçons du leadership d'Arnault à votre parcours personnel, vous inspirant à adopter un état d'esprit stratégique face aux défis.

Chapitre 5

Acquisitions stratégiques et expansion de la marque

La stratégie de croissance de Bernard Arnault pour LVMH était centrée sur l'acquisition de marques de luxe sous-évaluées et leur intégration dans un portefeuille puissant qui pourrait prospérer sous l'égide du conglomérat. Son sens aigu de l'identification des adéquations stratégiques et de la transformation des acquisitions en réussites mondiales a non seulement élargi l'offre de LVMH, mais a également positionné le groupe comme un leader dans diverses catégories de luxe. Ce chapitre explore comment l'approche d'Arnault en matière d'acquisitions et d'intégration de marques comme Tiffany & Co., Fendi et Bulgari a aidé LVMH à atteindre de nouveaux sommets en termes de portée commerciale, de synergie de marque et de prestige mondial.

Aperçu des acquisitions

L'acquisition de Fendi

En 2001, LVMH consolide sa position dans le secteur de la mode de luxe en acquérant une participation majoritaire dans **Fendi,** la maison de couture de luxe italienne connue pour ses articles en fourrure et en cuir. À l'époque, Fendi était une marque vénérée mais aux prises avec des inefficacités financières et organisationnelles. Arnault a reconnu l'opportunité de restaurer la rentabilité de la marque tout en préservant son héritage.

L'acquisition faisait partie d'une joint-venture avec Prada, LVMH acquérant finalement le contrôle total de Fendi en 2002. Cette décision était stratégiquement motivée par la volonté d'Arnault de renforcer la division mode de LVMH, notamment dans le prêt-à-porter et la maroquinerie, une catégorie dominée par Fendi. par Louis Vuitton. La vision d'Arnault était d'intégrer le savoir-faire de Fendi aux prouesses marketing et au réseau de distribution mondial de LVMH. Sous la direction de Karl Lagerfeld, Fendi a connu un renouveau remarquable, avec son sac Baguette devenu une icône de la mode, symbolisant le mélange de l'artisanat traditionnel et de l'attrait moderne.

En acquérant Fendi, Arnault élargit le portefeuille de mode de LVMH en Europe et en Asie, où la marque dispose d'une clientèle fidèle. Cette acquisition a renforcé la domination de LVMH dans le secteur de la mode haut de gamme et a souligné la stratégie d'Arnault consistant à investir dans des marques patrimoniales qui avaient le potentiel de se moderniser et de trouver un écho auprès des jeunes consommateurs.

Dom Pérignon et le renforcement de la branche Vins de LVMH

L'une des premières acquisitions et des plus lucratives de LVMH a été **Dom Pérignon,** la marque de champagne de renommée mondiale. Cette acquisition s'inscrit dans le cadre de la stratégie plus large d'Arnault visant à dominer le marché des vins et spiritueux de luxe à travers sa division Moët Hennessy. Moët & Chandon et Hennessy faisaient déjà partie du groupe LVMH suite à la fusion des deux sociétés en 1987, mais Dom Pérignon, en tant que marque, représentait le summum du champagne de luxe.

L'acquisition stratégique de Dom Pérignon par Arnault a été motivée par l'association de la marque avec l'opulence, la célébration et l'exclusivité.

Arnault envisageait Dom Pérignon comme la pierre angulaire de la division vins et spiritueux de LVMH, qui compléterait les activités de mode et de maroquinerie de l'entreprise. Il a compris que les consommateurs de luxe recherchent souvent non seulement la mode, mais aussi une expérience de style de vie complète, qui inclut les meilleurs vins et spiritueux.

Dom Pérignon est devenu un atout clé dans le portefeuille de LVMH, renforçant la réputation de l'entreprise sur le marché des boissons haut de gamme. L'association de la marque à des événements de grande envergure, tels que les mariages de célébrités et les célébrations mondiales, a contribué à renforcer l'image de LVMH en tant que conservateur des plus belles choses de la vie. La compréhension d'Arnault de l'image de marque et de l'exclusivité lui a permis de positionner Dom Pérignon comme le symbole de statut ultime dans le monde du luxe.

Acquisition de Tiffany & Co.

L'acquisition la plus transformatrice de toutes les acquisitions de LVMH a peut-être eu lieu en 2020 avec l'achat de **Tiffany & Co.**, le joaillier américain emblématique connu pour ses bagues de fiançailles en diamant et ses boîtes bleues emblématiques. Avec 16,2 milliards de dollars, il s'agit de la plus grosse acquisition de luxe de l'histoire, renforçant la domination de LVMH dans le secteur de la joaillerie.

Arnault considérait depuis longtemps Tiffany comme une pièce clé de l'expansion de LVMH dans la joaillerie haut de gamme, un segment dominé par des rivaux comme Richemont (qui possède Cartier). Arnault a vu un énorme potentiel dans la forte notoriété de la marque Tiffany, en particulier aux États-Unis et en Chine, cette dernière étant un marché crucial pour la croissance du luxe. En regroupant Tiffany sous l'égide de LVMH, Arnault souhaitait moderniser les gammes de produits du joaillier tout en capitalisant sur son attrait intemporel.

L'acquisition de Tiffany constitue également une démarche stratégique visant à renforcer la division joaillerie de LVMH, qui comprenait déjà Bulgari et TAG Heuer. Avec Tiffany, LVMH a pris pied sur le marché des bijoux de mariée et de fiançailles, diversifiant davantage son offre et garantissant que les marques LVMH seraient présentes à chaque étape du luxe dans la vie d'un consommateur, de la mode à la gastronomie et maintenant aux bijoux.

Analyse de la manière dont chaque acquisition complète la stratégie de croissance de LVMH

Ajustement stratégique et diversification

Chacune des acquisitions de LVMH a joué un rôle central dans la diversification de son portefeuille et la consolidation de sa position sur le marché. Arnault a stratégiquement recherché des marques qui complétaient les atouts existants de LVMH tout en ouvrant les portes à de nouveaux segments de marché. Par exemple, l'acquisition de *Fendi* en 2001, non seulement renforcé la présence de LVMH dans la haute couture, mais également exploité des synergies avec d'autres maisons de mode LVMH, comme *Louis Vuitton*. L'expertise de Fendi en matière de maroquinerie et de fourrure s'aligne parfaitement avec l'orientation luxe de LVMH, permettant au groupe d'étendre son influence dans le secteur concurrentiel de la mode.

De même, acquérir *Dom Pérignon*-marque de champagne de luxe- a renforcé la présence de LVMH sur le marché des boissons haut de gamme à travers Moët Hennessy, en capitalisant sur l'expertise existante dans les vins et spiritueux. La réputation d'excellence de Dom Pérignon a renforcé l'identité de LVMH en tant que conservateur d'expériences de vie luxueuses, renforçant ainsi l'image de marque du groupe dans ses autres divisions.

Le *Bulgari* L'acquisition en 2011 a donné un élan stratégique à la division joaillerie et horlogerie de LVMH. Bulgari, un nom bien établi dans le domaine de la haute joaillerie et de l'horlogerie, a permis à LVMH de mieux rivaliser avec des concurrents comme Richemont et d'élargir son offre sur le marché de la joaillerie haut de gamme. Cette acquisition s'inscrit dans une tendance plus large au sein de LVMH visant à conquérir une plus grande part du marché des produits de luxe, répondant aux désirs des consommateurs d'une expérience de luxe complète, de la mode aux accessoires et au-delà.

Tirer parti de l'expertise et étendre la portée mondiale

La stratégie d'Arnault s'est concentrée sur l'intégration des marques acquises dans le solide réseau de distribution mondial de LVMH et sur l'exploitation de sa puissance marketing pour rehausser le profil de chaque marque. Par exemple, Fendi a bénéficié des canaux de vente au détail et de distribution bien établis de LVMH en Asie, ce qui a aidé la marque à accroître considérablement sa pénétration du marché dans des régions clés. De même, la présence de Bulgari en Europe et aux États-Unis offre à LVMH une visibilité accrue sur ces marchés cruciaux pour pérenniser sa croissance .

La capacité d'Arnault à identifier les marques sous-évaluées et à les transformer en acteurs clés du portefeuille de LVMH a contribué au succès du groupe. Son objectif n'était pas uniquement d'acheter des marques à potentiel, mais également de créer une adéquation stratégique permettant à LVMH de maintenir un portefeuille équilibré et diversifié. Cette approche a permis à LVMH de résister aux ralentissements économiques et de s'adapter aux changements de préférences des consommateurs tout en continuant à étendre sa présence mondiale.

Les défis de l'intégration

L'intégration des marques dans la famille LVMH s'est accompagnée de défis, notamment celui de conserver l'identité unique de chaque marque tout en les alignant sur les valeurs de LVMH. Par exemple, lors de l'acquisition de Bulgari, des préoccupations ont été exprimées quant à la préservation de l'héritage culturel de la marque italienne tout en l'adaptant à la structure de LVMH. Arnault et son équipe ont relevé ces défis en accordant aux marques acquises un certain degré d'autonomie opérationnelle, couplé à l'accès aux ressources de LVMH pour l'innovation et l'expansion. Cette stratégie a permis à des marques comme Bulgari et Fendi de conserver leur identité tout en bénéficiant de la taille et de l'expertise de LVMH.

Étude de cas : acquisition de Tiffany & Co. par LVMH

Importance stratégique de l'accord Tiffany & Co.

En 2020, LVMH a finalisé l'acquisition de *Tiffany & Co.* pour 16,2 milliards de dollars, ce qui constitue la plus grosse acquisition réalisée à ce jour dans le secteur du luxe. Cette décision représente une déclaration audacieuse quant à l'ambition de LVMH de dominer le marché mondial de la joaillerie de luxe. Tiffany & Co., marque américaine emblématique forte d'un héritage de 180 ans, a permis à LVMH de s'implanter solidement sur le marché américain, qui représente une part importante des ventes de Tiffany.

L'intérêt d'Arnault pour Tiffany allait au-delà de l'expansion géographique ; il a reconnu le potentiel de la marque pour enrichir le portefeuille de bijoux de LVMH aux côtés de Bulgari. Cette acquisition a permis à LVMH de cibler une population plus jeune, de diversifier son offre et d'exploiter le marché des bijoux de mariée, un secteur dans lequel Tiffany occupait une position forte. Arnault envisageait de transformer Tiffany en une marque de luxe moderne avec un attrait mondial, tout en conservant son héritage et son lien avec la culture américaine.

Stratégies et défis de négociation

Le processus de négociation pour Tiffany & Co. était complexe et aux enjeux élevés. Initialement, LVMH proposait 135 dollars par action en 2019, mais l'opération s'est heurtée à des obstacles lorsque la pandémie de COVID-19 a perturbé les marchés mondiaux. En 2020, LVMH a tenté de se retirer de l'accord, invoquant une demande du gouvernement français de retarder l'achat en raison des tensions commerciales entre les États-Unis et la France. Tiffany a intenté une action en justice contre LVMH pour faire respecter l'accord, qui a finalement conduit à un prix renégocié de 131,50 dollars par action, permettant à LVMH d'économiser plus de 400 millions de dollars sur la transaction.

Le résultat stratégique de l'acquisition de Tiffany a mis en évidence le sens de la négociation d'Arnault et sa volonté de jouer dur, même dans le cadre d'une acquisition de grande envergure. En fin de compte, l'accord a consolidé la position de LVMH en tant qu'acteur dominant sur le marché de la joaillerie de luxe, étendu son influence en Amérique du Nord et positionné le conglomérat pour une croissance à long terme dans le secteur du luxe.

Impact sur la position de LVMH sur le marché

L'acquisition de Tiffany & Co. a considérablement renforcé la position de LVMH sur le marché, ajoutant une nouvelle dimension à son offre de joaillerie et renforçant sa réputation de leader dans le monde du luxe. La présence mondiale de Tiffany, avec des magasins phares dans des villes clés comme New York et Shanghai, a permis à LVMH d'améliorer sa visibilité. En modernisant le marketing de Tiffany et en redynamisant ses gammes de produits, LVMH a pour objectif de séduire une clientèle plus jeune et plus diversifiée tout en conservant son attrait pour le luxe.

Étude de cas : acquisition de Fendi et Bulgari

Vision stratégique derrière Fendi et Bulgari

Les acquisitions par LVMH de *Fendi* et *Bulgari* ont été portées par la volonté de Bernard Arnault de consolider la position du groupe sur deux segments du luxe les plus compétitifs : la mode et la joaillerie. En acquérant *Fendi*, LVMH a accès à une marque patrimoniale au savoir-faire artisanal, qui complète l'expertise de LVMH en matière de maroquinerie. Cette acquisition permet à LVMH d'élargir son offre au-delà de sa marque phare, Louis Vuitton, et de positionner Fendi comme un acteur incontournable de la mode de luxe.

Le *Bulgari* L'acquisition, en revanche, représentait une démarche stratégique visant à conquérir des parts de marché dans la joaillerie et l'horlogerie haut de gamme, domaines dans lesquels LVMH cherchait à renforcer sa présence. L'histoire d'innovation de Bulgari et son attrait auprès d'une clientèle aisée en ont fait un ajout attrayant au portefeuille de LVMH. Les racines et le savoir-faire italiens de la marque contrastent fortement avec l'identité de luxe française de LVMH, ajoutant de la profondeur et de la diversité aux offres du conglomérat.

Arnault a déclaré un jour : « Lorsque vous achetez une marque, vous devez respecter son ADN, mais en même temps, vous devez la transformer pour l'avenir. » Cette philosophie a guidé son approche des acquisitions, dont l'objectif n'était pas seulement de sauver les marques en difficulté, mais aussi de libérer leur plein potentiel à l'échelle mondiale.

Défis et avantages à long terme

L'intégration de ces marques dans la famille LVMH a nécessité une gestion minutieuse. Le défi consistait à garantir que Fendi et Bulgari conservent leur identité de marque unique tout en profitant des vastes ressources de LVMH. Cet équilibre a été atteint grâce à des investissements dans le marketing, le développement de produits et l'expansion de la vente au détail à l'échelle mondiale. En conséquence, les deux marques ont connu une croissance revitalisée et ont continué à contribuer au leadership de LVMH sur le marché de la mode et de la joaillerie.

Points de réflexion

- Comment l'approche d'Arnault en matière d'acquisitions stratégiques peut-elle inspirer vos propres décisions dans l'identification d'opportunités commerciales intéressantes ? Considérez comment il recherchait des actifs sous-évalués présentant un potentiel de croissance.

- Quels enseignements pouvez-vous tirer de l'intégration des marques de luxe dans un portefeuille plus large ? Pensez à l'équilibre entre la préservation du patrimoine de marque et la modernisation pour de nouveaux marchés.

- Comment pourriez-vous appliquer les stratégies de négociation issues de l'acquisition de Tiffany & Co. pour conclure des accords avantageux dans votre propre secteur ? Réfléchissez à l'importance de l'adaptabilité et de la flexibilité stratégique lors de transactions complexes.

Grâce à une série d'acquisitions audacieuses et d'expansions stratégiques, Bernard Arnault a fait de LVMH un leader mondial du luxe. Sa capacité à identifier, acquérir et promouvoir les marques a non seulement transformé la position de LVMH sur le marché, mais a également établi de nouvelles normes de croissance et d'intégration dans l'industrie du luxe.

Chapitre 6

Naviguer sur les marchés mondiaux

La direction de LVMH par Bernard Arnault a vu la société se transformer en une puissance mondiale du luxe, avec une orientation stratégique sur les marchés émergents comme la Chine et le Moyen-Orient. Ce chapitre examine les mesures délibérées et calculées prises par Arnault pour étendre la présence de LVMH dans ces régions, sa capacité à adapter l'expérience du luxe aux cultures locales et les stratégies qui ont assuré la domination de LVMH. Grâce à un mélange de prospective stratégique, de sensibilité culturelle et d'identité de marque sans compromis, Arnault a positionné LVMH comme un leader sur des marchés qui font désormais partie intégrante du paysage mondial du luxe.

Expansion sur les marchés émergents comme la Chine et le Moyen-Orient

Une vision de croissance : pourquoi cibler les marchés émergents ?

Bernard Arnault a reconnu le potentiel inexploité des marchés émergents bien avant nombre de ses concurrents. Alors que la richesse mondiale évoluait et que la croissance économique s'accélérait dans des régions comme la Chine et le Moyen-Orient, Arnault a vu des opportunités de répondre aux besoins d'une nouvelle génération de consommateurs aisés. Ces régions ont affiché une augmentation rapide du revenu disponible, un appétit croissant pour les expériences de luxe et une affinité culturelle pour les marques de haut rang, ce qui les rend idéales pour l'expansion de LVMH.

La Chine, avec sa classe moyenne en plein essor et son nombre croissant de personnes fortunées, représentait un objectif particulièrement stratégique. En 2010, la Chine était devenue la deuxième économie mondiale et les dépenses de luxe y étaient en hausse. De même, le Moyen-Orient, avec sa richesse pétrolière et sa forte tradition de consommation de luxe, a offert à LVMH des opportunités lucratives pour établir une présence solide. Des villes comme Dubaï et Riyad sont devenues des plaques tournantes du shopping de luxe, et Arnault a reconnu que cette demande pouvait être satisfaite grâce à des efforts d'expansion ciblés.

Étapes clés du développement de LVMH

La stratégie de LVMH en Chine a commencé avec des magasins phares dans de grandes villes comme Shanghai, Pékin et Hong Kong, où l'appétit pour la mode, les accessoires et les spiritueux haut de gamme était en croissance rapide. L'ouverture de la première boutique Louis Vuitton à Pékin au début des années 1990 marque le début du lien profond de LVMH avec le marché chinois. Le magasin est devenu un symbole de luxe et de sophistication, attirant les consommateurs chinois désireux d'adopter les marques mondiales. Cette décision a été suivie par des investissements dans des points de vente de luxe dans les principales villes chinoises, renforçant ainsi la visibilité et l'accessibilité de LVMH.

Au Moyen-Orient, LVMH a adopté une stratégie similaire en établissant des magasins phares dans les principaux quartiers commerciaux et centres commerciaux, tels que le Dubai Mall et le Mall of the Emirates. Les marques de luxe de LVMH, dont Dior, Fendi et Bulgari, sont devenues partie intégrante du paysage commercial, attirant à la fois les résidents et les touristes internationaux. Des partenariats avec des entités locales, telles que le groupe Al Tayer, ont aidé LVMH à surmonter les complexités réglementaires et la dynamique du marché local, garantissant ainsi une entrée fluide dans la région.

« *Le Moyen-Orient et la Chine ne sont pas que des marchés ; ils sont partenaires de notre voyage. Nous nous adaptons, nous apprenons et, en retour, nous offrons une expérience de luxe authentique qui résonne à l'échelle mondiale.* – Arnault lors d'un discours à l'Assemblée générale de LVMH

Les stratégies marketing adaptées à ces régions ont joué un rôle essentiel dans le succès de LVMH. Par exemple, la campagne de Louis Vuitton en Chine a célébré l'héritage culturel du pays en mettant en vedette des célébrités locales et en alignant le message de sa marque sur l'esthétique traditionnelle chinoise pendant le Nouvel An lunaire. Ces efforts ont démontré la compréhension d'Arnault de la manière d'aligner l'identité mondiale du luxe de LVMH avec les valeurs et les traditions locales, créant ainsi un sentiment de connexion avec les consommateurs.

Saisir les opportunités avant les concurrents

La décision de Bernard Arnault de donner la priorité à ces marchés émergents distingue LVMH de nombreux concurrents occidentaux qui hésitaient à s'aventurer au-delà de l'Europe et de l'Amérique du Nord. Sa clairvoyance a permis à LVMH de sécuriser des espaces de vente de premier ordre et de fidéliser sa marque en Chine et au Moyen-Orient avant que d'autres ne reconnaissent le potentiel de la région. Cet avantage en tant que pionnier a non seulement stimulé les revenus de LVMH, mais a également fait des marques du conglomérat des symboles ambitieux de luxe et de statut sur ces marchés.

La stratégie d'expansion d'Arnault reflète une profonde compréhension de l'évolution de l'économie mondiale et du rôle que joue l'adaptation culturelle dans la consommation de luxe. En pénétrant ces marchés très tôt et en adaptant son approche aux sensibilités locales, Arnault a positionné LVMH pour fidéliser une base croissante de consommateurs de luxe, assurant ainsi une croissance à long terme.

Stratégies pour adapter les marques de luxe à différentes cultures tout en maintenant l'exclusivité

Équilibrer patrimoine et adaptation

L'un des principaux défis de l'expansion mondiale consiste à s'adapter à de nouveaux marchés sans compromettre l'héritage de la marque. Bernard Arnault et LVMH ont relevé ce défi en mêlant le respect des traditions locales à l'attrait du luxe à la française. Arnault a souligné que si les marques de LVMH doivent résonner avec les goûts locaux, elles doivent également rester fidèles à leurs racines, en offrant un standard mondial de luxe. Cet équilibre a permis à LVMH de conserver son aura d'exclusivité tout en faisant appel à diverses préférences culturelles.

> *« La force de nos marques réside dans leur capacité à rester fidèles à leurs origines tout en répondant aux désirs de nos clients mondiaux. Il ne s'agit pas d'imposer notre culture ; il s'agit de*

créer un dialogue avec de nouveaux marchés.
−Bernard Arnault

Par exemple, *Louis Vuitton* a adapté ses gammes de produits en Chine en lançant des collections en édition limitée intégrant des motifs chinois traditionnels, tels que des dessins de dragons lors du Nouvel An lunaire. Ces produits exclusifs ont suscité l'enthousiasme des consommateurs chinois, offrant un mélange de symbolisme local et d'artisanat de luxe. Dans le même temps, l'entreprise veillait à ce que les éléments fondamentaux de la marque Louis Vuitton – son monogramme, son savoir-faire et son héritage – restent intacts.

« *Comprendre les nuances de chaque marché est essentiel. Une marque mondiale à succès est celle qui respecte les traditions des régions dans lesquelles elle pénètre, mais qui apporte également quelque chose de nouveau, quelque chose d'ambitieux.* – Arnault lors d'un sommet du luxe

Au Moyen-Orient, LVMH a reconnu l'importance de la mode modeste et la préférence de la région pour les expériences de shopping privées. *Dior* et *Fendi* a répondu à ces préférences en proposant des collections capsules exclusives présentant des ourlets plus longs et des embellissements complexes qui convenaient aux goûts de leur clientèle du Moyen-Orient. De plus, les marques de LVMH ont investi dans la création d'expériences de shopping VIP, proposant des vernissages privés et des services sur mesure qui correspondent à l'appréciation du Moyen-Orient pour le luxe personnalisé.

Partenariats locaux et engagements culturels

Collaborer avec des artistes et des influenceurs locaux a été une stratégie réussie pour LVMH en Chine et au Moyen-Orient. Par exemple, LVMH s'est associé à des artistes chinois pour créer des vitrines sur mesure et des œuvres d'art exclusives pour ses magasins, mêlant l'art contemporain chinois à l'esthétique classique de marques comme *Dior* et *Bulgari*. Ces collaborations ont non seulement enrichi l'expérience client, mais ont également renforcé l'engagement de LVMH à s'engager de manière significative dans la culture locale.

Au Moyen-Orient, LVMH s'est engagé dans des événements artistiques et culturels régionaux, comme le *Semaine du design de Dubaï,* positionner ses marques comme mécènes des arts, en adéquation avec les valeurs culturelles du territoire. En soutenant la culture locale tout en proposant des produits de luxe de renommée mondiale, LVMH approfondit sa relation avec les consommateurs et renforce le prestige de sa marque.

Points de réflexion

- Comment l'approche d'Arnault visant à adapter les marques de luxe à différentes cultures peut-elle vous inspirer dans vos propres efforts d'expansion du marché ? Considérez comment il a combiné le respect des traditions culturelles avec une expérience de luxe cohérente.

- Quelles leçons pouvez-vous tirer des stratégies de LVMH pour concilier identité de marque et sensibilité culturelle ? Pensez à l'importance de conserver l'héritage de marque tout en étant ouvert à l'adaptation.

- Comment pourriez-vous identifier les opportunités de marchés émergents dans votre secteur et quelles stratégies pourriez-vous utiliser pour réussir à pénétrer ces marchés ? Réfléchissez au potentiel de création de partenariats et d'adaptation des produits aux préférences locales.

Grâce à des expansions stratégiques en Chine et au Moyen-Orient, Bernard Arnault a fait preuve d'une approche visionnaire pour naviguer sur les marchés mondiaux. En comprenant les nuances culturelles et en mettant l'accent sur les relations à long terme, Arnault a positionné LVMH comme une force dominante dans l'industrie du luxe, offrant de précieuses leçons aux entrepreneurs souhaitant construire une marque mondiale.

Chapitre 7

Style et vision de leadership

Le mandat de Bernard Arnault à la tête de LVMH témoigne du pouvoir d'un leadership visionnaire dans la création d'une puissance mondiale du luxe. Ce chapitre examine le style de leadership et la vision distinctifs qui ont défini l'approche d'Arnault pour guider LVMH à travers des décennies de croissance et de transformation. Il explore les principes de leadership qui ont façonné ses décisions stratégiques, sa conviction de l'équilibre entre liberté de création et discipline financière, et son engagement inébranlable à préserver l'héritage des marques de LVMH tout en favorisant l'innovation. Pour les entrepreneurs en herbe, l'histoire d'Arnault offre des informations précieuses sur la construction d'un héritage sur le marché concurrentiel du luxe.

Aperçu des principes de leadership de Bernard Arnault

Bernard Arnault est reconnu pour son souci du détail, un trait qui est devenu la pierre angulaire de son style de leadership. Il est profondément impliqué dans les opérations des différentes marques de LVMH, visitant régulièrement les magasins, les ateliers et les installations de production pour s'assurer que chaque aspect de l'entreprise répond à ses normes rigoureuses. Arnault a fait remarquer un jour : « *Les détails ne sont pas des détails ; ils fabriquent le produit* », soulignant sa conviction que l'excellence se trouve dans les aspects les plus fins de la conception et de la production. Cette philosophie a imprégné la culture d'entreprise de LVMH, favorisant un environnement où l'attention aux détails est primordiale à tous les niveaux de l'organisation.

« Le rôle d'un leader est de faire ressortir le meilleur des gens, de leur permettre d'exprimer leur talent tout en les orientant vers la réussite. »
—Bernard Arnault

L'approche pratique d'Arnault s'étend au développement de produits et au marketing. Il est connu pour examiner personnellement les créations, assister à des défilés de mode et s'engager directement avec les directeurs créatifs pour s'assurer que la vision de chaque marque s'aligne sur les objectifs stratégiques du groupe. Par exemple, sa participation au lancement de *Les collections de prêt-à-porter de Louis Vuitton* a démontré son engagement à élargir la marque au-delà de ses offres traditionnelles tout en conservant son attrait de luxe. Cette approche a permis aux marques de LVMH de maintenir leur réputation de qualité et d'innovation, leur permettant ainsi de rester à la pointe de l'industrie du luxe.

Équilibrer la liberté de création et la surveillance financière

L'une des caractéristiques du style de leadership d'Arnault est sa capacité à équilibrer la liberté créative avec une surveillance financière rigoureuse. S'il permet aux directeurs créatifs des marques de LVMH de repousser les limites et d'exprimer leur vision artistique, il reste également attentif à la performance financière de chaque marque. Cet équilibre garantit que les efforts créatifs sont à la fois artistiquement dynamiques et commercialement viables, contribuant ainsi à la rentabilité globale de LVMH.

Par exemple, sous la direction d'Arnault, *Christian Dior* est devenu un symbole à la fois d'innovation artistique et de réussite financière. Arnault a confié la direction créative de la marque à *Maria Grazia Chiuri,* dont les créations ont trouvé un écho auprès des consommateurs modernes, tout en garantissant que les stratégies commerciales de Dior s'alignent sur les demandes du marché. La double orientation d'Arnault sur la créativité et la rentabilité a été essentielle pour maintenir l'identité unique des marques de LVMH tout en stimulant la croissance et l'expansion.

La capacité d'Arnault à maintenir cet équilibre s'enracine dans sa conviction que la créativité et le commerce ne s'excluent pas mutuellement. Comme il l'a déclaré un jour, *"Je pense que le succès dans le luxe dépend d'un mélange de créativité et d'une extrême précision financière".* Cet état d'esprit a permis à LVMH de cultiver un portefeuille de marques à la fois culturellement influentes et financièrement solides, renforçant ainsi sa position de leader sur le marché mondial du luxe.

Sa vision du luxe et l'importance du patrimoine de marque

La vision de Bernard Arnault pour LVMH est profondément liée à sa conviction de la valeur durable du patrimoine et de l'artisanat. Il a toujours souligné l'importance de préserver l'histoire et les traditions artisanales des marques de LVMH, les considérant comme essentielles à leur attrait de luxe. Cet engagement envers le patrimoine a guidé l'approche de LVMH dans la gestion de marques comme *Louis Vuitton, Christian Dior et Moët Hennessy,* en veillant à ce que leurs traditions de longue date soient respectées même si elles évoluent pour répondre aux goûts modernes.

« Le patrimoine et l'innovation sont les deux faces d'une même médaille. Il faut respecter le passé tout en réinventant constamment l'avenir. – Arnault lors d'un Sommet du Luxe.

L'intérêt d'Arnault pour le patrimoine se reflète dans l'investissement de LVMH dans *restaurer des ateliers historiques* et *soutenir l'artisanat*. Par exemple, *Louis Vuitton* continue de fabriquer bon nombre de ses produits en utilisant des méthodes traditionnelles dans des ateliers à travers la France, témoignage de son attachement à la qualité et à la tradition. De même, l'investissement de LVMH dans le *La Colle Noire estate,* autrefois la maison de Christian Dior, souligne la volonté d'Arnault de préserver l'héritage de l'une des marques les plus emblématiques de la mode tout en l'utilisant comme symbole du luxe intemporel.

L'innovation comme moteur de pertinence

Même si Arnault accorde une grande importance au patrimoine, il comprend également la nécessité d'innover pour maintenir la pertinence des marques de LVMH sur le marché du luxe moderne. Sa vision allie respect de la tradition et approche prospective, permettant à LVMH de s'adapter à l'évolution des préférences des consommateurs tout en conservant son statut de leader du luxe.

Un exemple notable de cette vision est la revitalisation de *Fendi* propriété de LVMH. Tout en préservant le savoir-faire et l'héritage italien de Fendi, Arnault a soutenu les efforts de la marque pour moderniser son image et attirer les jeunes consommateurs à travers *conceptions innovantes* et *stratégies de marketing numérique*. Cette approche a permis à Fendi de rester fidèle à ses racines tout en séduisant une nouvelle génération d'acheteurs de luxe.

Les investissements stratégiques d'Arnault dans *innovation technologique* reflètent davantage sa vision de mélange de tradition et de modernité. Sous sa direction, LVMH a investi dans les plateformes numériques et les capacités de commerce électronique, garantissant ainsi que ses marques restent accessibles aux consommateurs du monde entier. Cette approche avant-gardiste s'est révélée particulièrement importante sur des marchés comme la Chine, où l'engagement numérique est essentiel au succès d'une marque.

Points de réflexion

En conclusion, le leadership de Bernard Arnault offre de précieux enseignements aux entrepreneurs et aux dirigeants d'entreprises. Réfléchissez aux questions suivantes pour appliquer ces informations à votre propre parcours :

- Comment l'attention portée aux détails par Arnault s'aligne-t-elle sur votre propre style de leadership ? Réfléchissez à la manière dont un engagement envers la qualité pourrait améliorer votre produit ou service.

- Quelles leçons pouvez-vous tirer de l'accent mis par Arnault sur l'équilibre entre tradition et innovation dans une entreprise ? Réfléchissez à la manière dont vous pouvez préserver les valeurs fondamentales de votre marque tout en vous adaptant aux nouvelles tendances et aux nouveaux marchés.

- Comment pourriez-vous appliquer l'approche d'Arnault pour préserver l'héritage de marque tout en poursuivant la croissance dans votre propre secteur ? Pensez à la manière dont le respect de l'histoire et la volonté d'innover pourraient coexister dans votre planification stratégique.

Grâce à un style de leadership caractérisé par le souci du détail, un équilibre stratégique et une approche visionnaire mêlant héritage et modernité, Bernard Arnault a guidé LVMH vers des sommets sans précédent. Son histoire sert d'inspiration à ceux qui cherchent à bâtir des marques durables dans un monde en évolution rapide, offrant un modèle de réussite alliant le respect de la tradition à une recherche incessante de l'excellence.

Chapitre 8

Favoriser la créativité et l'innovation

Comment Bernard Arnault attire et retient les meilleurs talents

Au cœur de la domination mondiale de LVMH se trouve la capacité exceptionnelle de Bernard Arnault à attirer et à retenir les meilleurs talents de l'industrie du luxe. Arnault reconnaît que le succès de marques emblématiques comme Louis Vuitton, Dior et Fendi repose sur des designers visionnaires, des directeurs créatifs et des artisans qui allient innovation et héritage. Cette philosophie a façonné son approche du leadership, aboutissant à un écosystème florissant de créativité et d'excellence commerciale.

Une approche stratégique de l'acquisition de talents

L'approche d'Arnault en matière de recrutement consiste à identifier des personnes qui possèdent non seulement un talent artistique, mais qui comprennent également profondément l'ADN des marques qu'elles représentent. Comme l'explique Pierre-Yves Roussel, PDG du groupe de mode LVMH, le processus commence par la découverte de l'essence de chaque marque. Cette essence forme un cadre sur lequel les dirigeants créatifs peuvent s'appuyer, garantissant l'alignement avec l'héritage de la marque tout en permettant une innovation audacieuse.

Les recrutements clés d'Arnault illustrent cette stratégie. Par exemple, il a nommé Marc Jacobs comme premier directeur créatif de Louis Vuitton en 1997, transformant la marque d'un fabricant de bagages haut de gamme en une puissance mondiale de la mode. De même, sa décision de nommer John Galliano chez Dior a apporté un sens dramatique et artistique sans précédent à la maison, revigorant son identité. Ces choix reflètent l'étrange capacité d'Arnault à prévoir l'impact à long terme de l'association d'un talent visionnaire et de la bonne marque.

Équilibrer la liberté de création et la cohérence de la marque

L'une des stratégies phares d'Arnault consiste à offrir de la liberté aux dirigeants créatifs tout en préservant l'intégrité de la marque. Il permet aux créateurs de repousser les limites, mais veille à ce qu'ils le fassent dans le cadre de la philosophie de la marque. Cet équilibre favorise l'innovation tout en préservant l'héritage des maisons. « Vous ne pouvez pas simplement répéter le passé ; il faut s'adapter au présent et même anticiper l'avenir », a déclaré Arnault, soulignant sa philosophie avant-gardiste.

Par exemple, la nomination de Kim Jones chez Dior Men a démontré l'engagement d'Arnault à faire évoluer la marque vers un public plus jeune tout en conservant sa sophistication. Jones a parfaitement intégré les influences streetwear à l'élégance intemporelle de Dior, créant une esthétique à la fois moderne et emblématique.

Créer un écosystème créatif favorable

Arnault met également l'accent sur la création d'un environnement où les talents se sentent soutenus et inspirés. LVMH investit massivement dans les ressources, depuis les studios de design de pointe jusqu'aux ateliers d'artisanat sans précédent. De plus, il encourage la pollinisation croisée entre les marques, en tirant parti de l'expertise collective du groupe pour alimenter la créativité. "Chez LVMH, chaque marque est comme un livre, et chaque nouveau créateur ajoute un chapitre unique à l'histoire", a déclaré Roussel, soulignant l'évolution dynamique de ces marques sous la direction d'Arnault.

Leçons pour les aspirants entrepreneurs

La stratégie de talents d'Arnault offre des informations précieuses aux entrepreneurs :
1. Investissez dans des visionnaires : Recherchez des personnes capables de transformer l'identité de votre marque tout en respectant son histoire.
2. Encouragez la créativité : Offrir la liberté d'innover mais dans un cadre clairement défini.
3. Construire un écosystème de soutien : Offrez des ressources et des opportunités de collaboration pour aider les leaders créatifs à prospérer.

Grâce à sa capacité à attirer et à nourrir les meilleurs talents, Bernard Arnault a démontré que la créativité et l'innovation ne sont pas accidentelles mais le résultat d'une stratégie délibérée et d'un leadership visionnaire. Cette orientation continue de propulser LVMH vers des sommets sans précédent.

Le rôle de l'innovation pour maintenir la pertinence des marques LVMH

Sur un marché du luxe en évolution rapide, Bernard Arnault a veillé à ce que le portefeuille de marques de LVMH reste non seulement pertinent mais ambitieux. Au cœur de ce succès réside son engagement inébranlable envers l'innovation, une qualité qu'il considère comme essentielle pour maintenir un avantage concurrentiel. Arnault a habilement guidé LVMH vers l'adoption de technologies révolutionnaires, du marketing numérique et du commerce de détail expérientiel tout en préservant l'exclusivité et l'héritage de ses marques.

L'innovation comme pilier de la stratégie

Pour Arnault, l'innovation n'est pas négociable dans la poursuite de l'excellence. Il a souligné à plusieurs reprises que le luxe doit s'adapter aux attentes changeantes des consommateurs. Comme il l'a déclaré un jour, « *L'innovation est l'élément vital du luxe ; c'est ce qui maintient les marques dynamiques, pertinentes et capables d'inspirer l'imagination de leurs clients.* Cette philosophie sous-tend l'approche créative de LVMH à travers ses 75 maisons.

L'investissement de LVMH dans la transformation numérique a été remarquable. Le groupe a été l'un des premiers conglomérats de luxe à adopter le commerce électronique, en créant des boutiques en ligne sophistiquées alliant commodité et exclusivité. Par exemple, Louis Vuitton a lancé sa boutique numérique des années avant ses concurrents, établissant ainsi une référence sur la façon dont le luxe peut prospérer à l'ère numérique.

Le groupe a également exploité l'analyse des données et l'intelligence artificielle pour adapter les expériences à chaque client. Chez Sephora, filiale de LVMH, des outils basés sur l'IA aident les clients à trouver des produits adaptés à leur type de peau, tandis que des applications de réalité augmentée leur permettent d'essayer virtuellement du maquillage : exemples de la façon dont LVMH allie innovation et personnalisation.

Collaborations innovantes et initiatives numériques

Arnault a toujours défendu des collaborations mêlant tradition et modernité. Sous sa direction, Louis Vuitton s'est associé à des artistes contemporains comme Takashi Murakami, Yayoi Kusama et Jeff Koons pour créer des collections en édition limitée qui trouvent un écho auprès d'un public plus jeune tout en honorant l'héritage de la marque. Ces collaborations attirent non seulement l'attention du monde entier, mais soulignent également la conviction d'Arnault dans l'art comme pont entre patrimoine et innovation.

Une autre initiative révolutionnaire est l'incursion de LVMH dans la mode numérique. En 2021, Louis Vuitton a lancé des NFT (jetons non fongibles) liés à la célébration de son 200e anniversaire. De même, Rimowa a présenté une collection de valises numériques personnalisables, démontrant la volonté de LVMH d'expérimenter les technologies émergentes pour intéresser les consommateurs férus de technologie.

La vision d'Arnault s'étend également à l'innovation dans le commerce de détail. Il a redéfini les expériences de shopping de luxe avec des concept stores et des refontes phares. La boutique immersive de Dior à Paris, dotée d'écrans interactifs et de salons VIP, illustre la manière dont Arnault intègre la technologie moderne dans les environnements de luxe traditionnels.

Encourager une culture de créativité et de prise de risque

Arnault favorise une culture d'entreprise où la créativité est célébrée et la prise de risque est encouragée. « *Il faut prendre des risques pour innover. Sans risque, il n'y a pas de récompense.* » il l'a souvent fait remarquer. Cet état d'esprit imprègne les opérations de LVMH, où les créateurs et artisans ont le pouvoir de repousser les limites tout en respectant l'essence de leur marque.

Un exemple de cette approche est la décision audacieuse de Fendi d'organiser un défilé de mode sur la Grande Muraille de Chine, une première pour une marque. Cette idée audacieuse, parfaitement exécutée, a mis en valeur la créativité de la marque tout en renforçant son attrait mondial. De telles initiatives illustrent la conviction d'Arnault dans le pouvoir transformateur des idées audacieuses.

Leçons pour les entrepreneurs

L'accent mis par Arnault sur l'innovation offre des leçons concrètes :

1. Adoptez la technologie : Utilisez la technologie pour améliorer l'expérience client sans compromettre l'identité de la marque.
2. Collaborez de manière créative : Collaborez avec des artistes et des innovateurs pour créer des produits qui surprennent et ravissent.
3. Prenez des risques calculés : Encouragez un état d'esprit dans lequel les risques calculés sont considérés comme des opportunités de croissance et de différenciation.

En repoussant constamment les limites du luxe grâce à l'innovation, Bernard Arnault a assuré la place de LVMH comme leader de l'industrie mondiale du luxe. Sa capacité à équilibrer héritage et modernité offre des leçons inestimables à tous ceux qui cherchent à construire une marque à la fois intemporelle et contemporaine.

Points de réflexion

En concluant cette section, prenez un moment pour réfléchir aux pratiques de Bernard Arnault et au succès de la culture créative et innovante de LVMH. Les questions suivantes sont conçues pour encourager l'introspection et inspirer des idées exploitables :

1. Attirer et retenir les talents créatifs

- Comment l'approche d'Arnault en matière d'identification et de développement des talents résonne-t-elle avec vos propres méthodes pour constituer une équipe performante ?

- Quelles mesures pouvez-vous prendre pour attirer les meilleurs talents de votre secteur et créer un environnement qui leur permet d'innover et d'exceller ?

- Existe-t-il des opportunités d'équilibrer la liberté de création avec un contrôle structuré au sein de votre organisation, similaire à l'approche d'Arnault avec les designers et les artistes de LVMH ?

2. Favoriser une culture de l'innovation

- Quelles stratégies pouvez-vous adopter pour promouvoir un état d'esprit où la créativité et la prise de risque sont valorisées ?

- Comment encouragez-vous actuellement l'innovation au sein de votre équipe ou de votre organisation, et comment les méthodes d'Arnault pourraient-elles inspirer l'amélioration ?

- De quelles manières pouvez-vous prendre des risques calculés pour repousser les limites de ce que votre organisation peut réaliser ?

3. Tirer parti de la collaboration et de la technologie

- Comment les partenariats avec des artistes, des technologues ou d'autres innovateurs peuvent-ils améliorer la pertinence de votre marque ?

- Quelles technologies pourriez-vous adopter pour moderniser vos opérations ou améliorer votre expérience client sans perdre de vue vos valeurs fondamentales ?

- Existe-t-il des opportunités de créer des collaborations ou des initiatives uniques alliant tradition et modernité dans votre entreprise ?

4. *Assurer la pertinence dans un marché en évolution*

- Comment surveillez-vous et réagissez-vous actuellement aux changements de comportement des consommateurs et aux tendances du marché ?

- Quelles mesures pouvez-vous prendre pour garantir que votre marque ou votre organisation reste pertinente dans un paysage en évolution rapide ?

- Comment concilier la préservation du patrimoine de votre marque avec la nécessité d'innover et de s'adapter ?

Ces questions ne sont pas seulement théoriques ; ce sont des outils pratiques pour examiner votre leadership, votre stratégie et votre vision. En vous inspirant des pratiques créatives et innovantes de Bernard Arnault, vous pouvez identifier les opportunités de croissance et garantir que vos efforts professionnels ou personnels restent percutants et pertinents à long terme.

Chapitre 9 :

Faire face à la concurrence et aux évolutions du marché

Comment Arnault a fait face à la concurrence d'autres conglomérats de luxe

Le leadership de Bernard Arnault chez LVMH est marqué par une volonté incessante de déjouer des concurrents comme Kering et Richemont, deux acteurs dominants sur le marché mondial du luxe. Ses stratégies s'articulent autour d'acquisitions agressives, d'un positionnement innovant sur le marché et d'une orientation vers l'avenir visant à créer un portefeuille de marques diversifié et résilient.

Acquisitions stratégiques : étendre l'empire LVMH

L'une des stratégies clés d'Arnault face à la concurrence a été son approche calculée des acquisitions. En élargissant le portefeuille de LVMH, il a non seulement renforcé la part de marché du conglomérat, mais a également devancé stratégiquement ses concurrents.

Par exemple, en 2019, l'acquisition de Tiffany & Co. par LVMH pour 16,2 milliards de dollars a marqué une avancée significative dans le secteur de la joaillerie haut de gamme, un espace traditionnellement dominé par Richemont, propriétaire de Cartier et Van Cleef & Arpels. Cette acquisition représentait un défi direct à la position de Richemont et permettait à LVMH d'étendre sa présence sur le marché américain. La volonté d'Arnault de payer un supplément pour des marques aussi emblématiques souligne son engagement à assurer le leadership de LVMH dans tous les segments du luxe.

De plus, l'acquisition précoce de Christian Dior par Arnault en 1984 et ses démarches agressives pour prendre le contrôle de Louis Vuitton à la fin des années 1980 illustrent son approche avant-gardiste.

En ciblant des marques aux histoires riches et aux identités fortes, il a veillé à ce que LVMH puisse dominer le récit du luxe, laissant ses concurrents se démener pour rattraper leur retard.

Positionnement et exclusivité de la marque

Arnault comprend le pouvoir de l'exclusivité sur le marché du luxe, et cela constitue la pierre angulaire de la stratégie de LVMH. Sous sa direction, les marques LVMH ont maintenu leur attrait en mettant l'accent sur l'artisanat, l'innovation et le patrimoine, des qualités qui trouvent un profond écho auprès des consommateurs de luxe.

Par exemple, Louis Vuitton a toujours mis à profit sa position d'icône de luxe intemporelle grâce à des collaborations exclusives, telles que ses partenariats avec des artistes comme Yayoi Kusama et Virgil Abloh. Ces initiatives ont non seulement renouvelé l'attrait de la marque auprès d'un public plus jeune, mais ont également solidifié sa domination dans le secteur de la mode, où des concurrents comme Gucci (sous Kering) et Cartier (sous Richemont) rivalisent pour attirer l'attention.

Anticiper les mouvements des concurrents

Arnault a démontré une capacité remarquable à anticiper les stratégies des concurrents et les tendances du marché. En s'engageant très tôt dans la transformation numérique, LVMH a pris un avantage sur ses concurrents qui ont mis plus de temps à s'adapter. Le lancement du **24 Sèvres** La plateforme de commerce électronique et l'intégration du marketing numérique au sein de ses marques positionnent LVMH comme un leader de l'évolution du luxe en ligne.

De plus, l'accent mis par Arnault sur la diversification a protégé LVMH des fluctuations du marché. En investissant dans des secteurs tels que les vins et spiritueux (par exemple Moët Hennessy), les parfums et cosmétiques (par exemple Guerlain) et la joaillerie haut de gamme, Arnault a veillé à ce que le conglomérat puisse résister aux ralentissements dans des catégories spécifiques. Cette résilience est devenue évidente lors de la pandémie de COVID-19, lorsque LVMH a tiré parti de son large portefeuille et de sa forte présence numérique pour devancer ses concurrents aux prises avec une dépendance au physique.

Événements compétitifs clés

Un moment déterminant dans la stratégie concurrentielle d'Arnault a été la rivalité entre LVMH et Kering pour la domination du secteur de la mode. Gucci de Kering, par exemple, a connu une résurgence sous la direction du directeur créatif Alessandro Michele, remettant en question la part de marché de Louis Vuitton au milieu des années 2010. En réponse, LVMH a renforcé son avance créative, en nommant Abloh au poste de directeur artistique de la mode masculine de Louis Vuitton en 2018 et en intensifiant ses investissements dans les magasins phares pour créer des expériences de luxe immersives.

Un autre exemple est la manœuvre délicate d'Arnault lors de la tentative d'OPA hostile de Gucci en 1999, où il a finalement perdu face à Kering mais a acquis des connaissances précieuses dans la conduite de batailles commerciales complexes. Cette perte l'a incité à consolider la domination de LVMH par d'autres acquisitions et une croissance stratégique.

Leçons de la stratégie d'Arnault

Le programme concurrentiel d'Arnault repose sur des risques calculés, un leadership visionnaire et un engagement inébranlable envers l'excellence. Il combine un profond respect pour l'héritage de la marque avec une compréhension aiguë de la dynamique de consommation moderne, permettant à LVMH de garder une longueur d'avance sur ses concurrents.

Sa capacité à aligner innovation créative et discipline financière, à anticiper les évolutions du marché du luxe et à s'adapter à l'évolution des demandes des consommateurs a consolidé la position de LVMH en tant que premier conglomérat de luxe au monde. Ces stratégies servent de modèle pour naviguer dans les paysages concurrentiels de n'importe quel secteur.

Selon les propres mots d'Arnault :
"Le luxe est le seul domaine dans lequel il est possible de réaliser des marges de luxe."

Cette déclaration reflète sa conviction de l'importance de garder une longueur d'avance sur ses concurrents grâce à une recherche incessante de la qualité, de l'innovation et de la domination du marché.

L'approche de Bernard Arnault en matière de concurrence offre des informations précieuses aux aspirants entrepreneurs et chefs d'entreprise. En investissant dans l'avenir, en protégeant le patrimoine de la marque et en favorisant une culture de l'innovation, Arnault a créé un modèle commercial qui non seulement résiste à la concurrence, mais qui prospère malgré elle. Son héritage dans le secteur du luxe continuera de servir d'inspiration pour les générations à venir.

Stratégies d'adaptation en période de ralentissement des marchés et de crises économiques mondiales

Le leadership de Bernard Arnault lors des crises économiques mondiales illustre sa capacité à protéger la valeur de la marque LVMH tout en positionnant le conglomérat pour une croissance à long terme. Grâce à des orientations stratégiques, une prise de décision disciplinée et un engagement inébranlable en faveur de la qualité, Arnault a surmonté des défis tels que la crise financière de

2008 et la pandémie de COVID-19 avec une agilité remarquable, assurant la résilience de LVMH face à la volatilité des marchés.

La crise financière de 2008 : préserver l'exclusivité du luxe

La crise financière de 2008 a posé un défi de taille à l'industrie du luxe, alors que les dépenses de consommation ont chuté dans le monde entier. La réponse d'Arnault était ancrée dans la préservation des valeurs fondamentales d'exclusivité et de savoir-faire de LVMH tout en réduisant stratégiquement les coûts opérationnels.

LVMH s'est concentré sur ses marques performantes, en redirigeant ses ressources vers des icônes intemporelles comme Louis Vuitton et Dior. Arnault a donné la priorité au maintien de l'exclusivité de ces marques, résistant à la tentation d'introduire de fortes remises qui auraient pu diluer leur valeur perçue. Cette stratégie a préservé la réputation de LVMH en tant que fournisseur de produits ambitieux, garantissant que les marques restent désirables même dans un contexte d'incertitude économique.

Simultanément, Arnault a profité des opportunités pour étendre la présence mondiale de LVMH, en particulier sur les marchés émergents. Il a reconnu que des pays comme la Chine et le Moyen-Orient avaient des populations aisées croissantes, moins touchées par la crise. En renforçant la présence de LVMH dans ces régions, Arnault a atténué les pertes des marchés traditionnels comme l'Europe et les États-Unis.

La pandémie de 2020 : accélérer la transformation numérique

La pandémie de COVID-19 a perturbé les chaînes d'approvisionnement mondiales et paralysé le commerce de détail physique, obligeant les marques de luxe à s'adapter rapidement. Arnault a démontré sa capacité à pivoter en adoptant la transformation numérique.

L'un des changements les plus significatifs a été l'expansion des capacités de commerce électronique de LVMH. Des marques comme Louis Vuitton, Fendi et Sephora ont exploité les plateformes en ligne pour se connecter avec leurs clients, offrant des expériences d'achat personnalisées et des collections numériques exclusives. Par exemple, Louis Vuitton a lancé des présentations de malles virtuelles et des fonctionnalités de réalité augmentée pour impliquer les consommateurs depuis la sécurité de leur domicile.

Arnault a également assuré la pertinence de LVMH en répondant aux besoins sociétaux pendant la pandémie. LVMH a reconverti ses usines de parfums pour produire des désinfectants pour les mains, qui ont été donnés au personnel soignant. Cette décision a non seulement renforcé la réputation de l'entreprise en matière de responsabilité sociale d'entreprise, mais a également renforcé son image de leader résilient et adaptatif de l'industrie du luxe.

Résilience de la chaîne d'approvisionnement et stratégies de tarification

En période de ralentissement économique, les perturbations de la chaîne d'approvisionnement menacent souvent la rentabilité. La stratégie d'Arnault impliquait de diversifier la chaîne d'approvisionnement de LVMH et d'investir dans les capacités de production locales afin de réduire la dépendance à l'égard des marchés internationaux volatils. Par exemple, de nombreuses marques de LVMH mettent l'accent sur le savoir-faire européen, qui non seulement soutient les économies locales, mais s'aligne également sur l'engagement de l'entreprise en faveur de la qualité et de l'authenticité.

La stratégie de prix d'Arnault pendant les crises reflète également sa profonde compréhension du marché du luxe. Plutôt que de réduire les prix, il a mis l'accent sur la valeur grâce à des collections en édition limitée et des collaborations exclusives. Cette approche préservait le prestige de la marque et encourageait les clients fidèles à considérer leurs achats comme des investissements à long terme.

La vision d'Arnault du luxe comme industrie résiliente

L'une des convictions fondamentales de Bernard Arnault est que le luxe est intrinsèquement résilient. Il a souvent déclaré que les produits de luxe ne sont pas de simples produits mais des symboles d'aspiration et de lien émotionnel. Cette perspective a guidé la stratégie de LVMH pendant les crises, alors que l'entreprise continue d'investir dans l'innovation et la créativité même dans les moments difficiles.

Par exemple, pendant la pandémie de COVID-19, Arnault a investi dans l'expansion de la présence mondiale de Tiffany & Co. suite à son acquisition. En misant sur l'attractivité durable des marques de luxe emblématiques, il a démontré sa confiance dans la capacité de rebond du secteur.

Dans ses mots :
"Dans les moments difficiles, les gens veulent encore rêver, et les produits de luxe permettent de réaliser ce rêve."

Leçons pour les aspirants entrepreneurs

Les stratégies d'adaptation d'Arnault offrent des leçons précieuses pour traverser les crises dans n'importe quel secteur :

1. Préserver les valeurs fondamentales : Résistez aux solutions à court terme qui pourraient nuire à la perception à long terme de votre marque ou de votre entreprise.
2. Diversifier les marchés : Explorez les marchés émergents pour compenser les pertes dans les régions traditionnelles.
3. Adoptez l'innovation : Investissez dans la transformation numérique et dans de nouvelles

façons d'interagir avec les clients, même en période de ralentissement économique.

4. Adaptez-vous de manière responsable : Utilisez les crises comme une opportunité de faire preuve de responsabilité d'entreprise et d'améliorer la réputation de la marque.

La capacité d'Arnault à résister aux tempêtes économiques reflète non seulement son génie stratégique, mais aussi sa croyance inébranlable dans le pouvoir durable du luxe. En mettant l'accent sur la qualité, l'innovation et la résilience, il a veillé à ce que LVMH reste un leader ambitieux sur le marché mondial, quelles que soient les conditions économiques.

Étude de cas : concurrencer Kering et Richemont

Dans l'univers du luxe, où héritage et innovation s'entremêlent, LVMH n'a cessé de se démarquer de ses concurrents Kering et Richemont, sous la direction stratégique de Bernard Arnault. Chacun de ces conglomérats possède un portefeuille prestigieux, mais les décisions audacieuses et la vision à long terme d'Arnault ont permis à LVMH de rester fermement au sommet de l'industrie du luxe.

Innovation numérique : répondre aux attentes des consommateurs modernes

Arnault a pris une longueur d'avance en reconnaissant l'importance croissante des plateformes numériques dans le commerce de détail de luxe. Les marques LVMH comme Louis Vuitton et Christian Dior ont excellé dans l'exploitation de la technologie pour renforcer l'engagement client. Des lancements de produits en ligne exclusifs aux expériences de shopping virtuel personnalisées, LVMH a établi de nouvelles normes en matière d'innovation numérique.

Par exemple, la collaboration de Louis Vuitton avec *Ligue des Légendes* en 2019, la haute couture a été introduite dans le monde du jeu vidéo, ciblant une population plus jeune et féru de technologie. Cette décision a devancé des concurrents comme Kering, qui a mis plus de temps à intégrer les partenariats de jeux et numériques dans sa stratégie. De même, la plateforme de commerce électronique avancée de Dior et l'utilisation d'outils de personnalisation basés sur l'IA ont créé des expériences fluides pour les consommateurs, un avantage significatif par rapport à l'approche numérique plus traditionnelle de Richemont.

Renforcer la fidélité à la marque grâce à l'exclusivité

Même si Kering et Richemont possèdent des marques puissantes, l'accent mis par Arnault sur l'exclusivité et l'intemporalité a été un différenciateur clé. Sous sa direction, les marques LVMH ont maintenu une image ambitieuse mêlant tradition et modernité.

Par exemple, l'accent mis par Christian Dior sur la haute couture et sa capacité à proposer systématiquement des pièces emblématiques, comme le sac Lady Dior, ont consolidé sa position de leader du luxe. En revanche, la forte dépendance de Kering à l'égard de la rotation rapide des produits de Gucci a parfois dilué son exclusivité. La stratégie d'Arnault consistant à équilibrer les best-sellers à grand volume avec des pièces en édition limitée garantit que les marques LVMH restent convoitées sans surexposition.

Concurrence dans les montres et les bijoux

La rivalité entre LVMH et Richemont est particulièrement prononcée dans le secteur de l'horlogerie et de la joaillerie. Cartier de Richemont est un géant du secteur, mais Arnault a réagi en renforçant l'offre de LVMH à travers des marques comme TAG Heuer, Bulgari et Hublot. Par exemple, le modèle 2017 de Bulgari *Octo Finissimo* Cette montre a établi le record de la montre automatique la plus plate au monde, positionnant LVMH comme un innovateur en horlogerie.

L'approche d'Arnault consiste souvent à mélanger l'artisanat traditionnel avec des designs audacieux, attirant une population plus jeune tout en fidélisant une clientèle fortunée. Cela contraste avec l'approche marketing plus traditionnelle de Richemont, qui a parfois eu du mal à attirer les jeunes consommateurs.

Anticiper les évolutions du marché

La capacité d'Arnault à anticiper les évolutions des préférences des consommateurs a donné à LVMH un avantage sur ses concurrents. Par exemple, l'expansion précoce de LVMH dans le luxe durable s'aligne sur la demande croissante de marques soucieuses de l'environnement. L'engagement du groupe en faveur du développement durable est évident dans ses investissements dans des matériaux et des pratiques respectueux de l'environnement au sein de marques comme Stella McCartney et Louis Vuitton.

Kering a également fait des progrès en matière de développement durable, mais la capacité d'Arnault à intégrer ces pratiques dans le storytelling de la marque LVMH a trouvé un écho plus efficace auprès des consommateurs. Parallèlement, Richemont a mis plus de temps à s'adapter, se concentrant davantage sur ses atouts traditionnels en matière d'artisanat plutôt que sur les tendances plus larges du marché.

Les leçons de la rivalité

La prospective stratégique d'Arnault offre des informations précieuses aux futurs entrepreneurs et chefs d'entreprise :
1. Diversifier et équilibrer : Construisez un portefeuille robuste capable de résister aux fluctuations du marché.
2. Investissez dans l'innovation : Adoptez la technologie pour rester pertinent face aux nouvelles données démographiques des consommateurs.

3. Anticiper les tendances : gardez une longueur d'avance sur les évolutions du marché en comprenant l'évolution des valeurs des consommateurs, telles que la durabilité et l'engagement numérique.

4. Préserver l'identité de la marque : Équilibrez la croissance avec la préservation des valeurs fondamentales et de l'exclusivité.

Selon les mots d'Arnault :
« *La concurrence ne consiste pas à être le plus grand ; il s'agit d'être le meilleur. Chez LVMH, nous nous efforçons d'être leader non pas en volume mais en désirabilité.* »

Grâce à des acquisitions stratégiques, à l'innovation numérique et à une compréhension approfondie du marché du luxe, Bernard Arnault a permis à LVMH de garder une longueur d'avance sur des concurrents comme Kering et Richemont. Sa vision et sa capacité à s'adapter aux dynamiques changeantes du marché continuent de consolider la position de LVMH en tant que leader incontesté du luxe mondial.

Points de réflexion

Alors que les lecteurs concluent le chapitre 10, il est important d'établir des liens entre les stratégies de Bernard Arnault et leur application potentielle dans des contextes personnels ou professionnels. Considérez les questions de réflexion suivantes pour intérioriser les leçons de ce chapitre :

- Comment utiliser la diversification, comme Arnault l'a fait avec le portefeuille de LVMH, pour renforcer votre position dans votre secteur ?

- Quelles mesures pouvez-vous prendre pour anticiper les mouvements de vos concurrents et positionner votre entreprise en tant que leader plutôt qu'en suiveur ?

- Arnault considère les crises comme des opportunités pour renforcer les fondations de LVMH. Comment pouvez-vous identifier les opportunités potentielles en période difficile pour la croissance ou l'innovation de votre entreprise ?

- Existe-t-il des moyens de renforcer votre chaîne d'approvisionnement, vos opérations ou la valeur de votre marque pour résister aux changements inattendus du marché ?

- Le succès d'Arnault reposait sur la compréhension et l'adaptation à l'évolution du comportement des consommateurs. Dans quelle mesure connaissez-vous votre public cible et comment pourriez-vous adapter vos offres pour répondre à ses préférences changeantes ?

- Comment l'innovation digitale ou les technologies émergentes peuvent-elles améliorer votre expérience client tout en préservant l'identité de votre marque ?

- L'expansion de LVMH sur les marchés émergents s'avère déterminante. Quels marchés ou données démographiques inexploités pourriez-vous explorer pour stimuler la croissance de votre propre entreprise ?

- Comment pouvez-vous garantir que votre marque reste pertinente dans une économie mondialisée ?

- Arnault a équilibré la prise de risque calculée avec une vision à long terme. Prenez-vous aujourd'hui des décisions qui correspondent à votre vision de l'avenir de votre entreprise ?

- Comment pouvez-vous favoriser une culture de résilience et d'adaptabilité au sein de votre équipe pour faire face aux pressions concurrentielles et économiques ?

Ces questions encouragent les lecteurs à réfléchir de manière critique aux méthodes d'Arnault et à en tirer des enseignements exploitables pour leurs propres projets. Le parcours de Bernard Arnault démontre le pouvoir de l'adaptabilité, de la prospective stratégique et de l'attention constante portée à la création de valeur – un modèle pour prospérer dans tout paysage concurrentiel.

Chapitre 10

Gérer les controverses et les critiques

Aperçu des critiques publiques liées aux pratiques commerciales et aux acquisitions

L'ascension remarquable de Bernard Arnault jusqu'à devenir le leader mondial du luxe le plus riche n'a pas été sans controverse. À la tête de LVMH, il a été soumis à un examen minutieux de ses pratiques commerciales, de ses acquisitions et de ses décisions personnelles. Cette section explore les principales critiques qui ont façonné la perception du public à l'égard d'Arnault et de son leadership.

Tactiques d'acquisition agressives

La réputation d'Arnault en tant que maître stratège est indissociable de ses stratégies d'acquisition audacieuses et parfois controversées. Les critiques ont souvent qualifié son approche de trop agressive, citant son rachat audacieux de LVMH dans les années 1980 et sa poursuite controversée de Gucci dans les années 1990. La saga Gucci, en particulier, a attiré l'attention. La tentative d'Arnault de prendre le contrôle de la marque grâce à des achats supplémentaires de stocks a été contrecarrée lorsque Kering (alors connu sous le nom de PPR) est intervenu, déclenchant une bataille d'entreprises très médiatisée. Même si LVMH a finalement perdu, l'épreuve a cimenté l'image d'Arnault comme un concurrent acharné.

Arnault a défendu de telles tactiques, soulignant l'importance de préserver l'héritage et la valeur à long terme des marques de luxe sous la direction de LVMH. Comme il l'a fait remarquer, « *Dans le luxe, il faut protéger l'ADN des marques tout en les faisant évoluer pour répondre à l'air du temps. Cela nécessite parfois des actions audacieuses.*

Contrôle des pratiques fiscales

L'une des controverses les plus importantes autour d'Arnault s'est produite en 2013, lorsque la nouvelle de sa demande de citoyenneté belge a éclaté. Le moment a coïncidé avec la proposition du gouvernement français d'introduire un taux d'imposition de 75 % pour les hauts revenus, ce qui a suscité des spéculations selon lesquelles Arnault cherchait à échapper à l'impôt. La réaction du public a été rapide, avec de nombreuses critiques dans les médias et des manifestations le qualifiant d'antipatriotique. Arnault a par la suite retiré sa demande, affirmant que son intention n'était pas d'éviter l'impôt mais d'obtenir la double nationalité à des fins commerciales.

Malgré sa clarification, l'épisode a laissé un impact durable sur son image publique. Il a mis en lumière la relation complexe entre richesse, pouvoir et responsabilité publique, en particulier pour une figure si profondément liée à l'identité culturelle française.

Critique monopolistique et domination du marché

Alors que LVMH est devenu un empire du luxe regroupant plus de 75 marques, les critiques ont accusé Arnault de pratiques monopolistiques. La domination du conglomérat sur le marché du luxe – qui couvre la mode, les bijoux, les montres, les vins et les cosmétiques – a suscité des inquiétudes quant à l'étouffement de la concurrence et à l'homogénéisation du secteur.

Par exemple, l'acquisition par Arnault de Tiffany & Co. en 2021 pour 16,2 milliards de dollars, le plus gros achat de LVMH à ce jour, a été considérée par certains comme un renforcement supplémentaire du pouvoir au sein du secteur du luxe. Les détracteurs ont fait valoir qu'une telle consolidation risquait de réduire la diversité et la créativité du marché. Cependant, Arnault a toujours présenté ces acquisitions comme des opportunités d'accroître le potentiel de la marque. Comme il l'a dit un jour, « *Le but n'est pas de tout rendre pareil mais de faire ressortir le meilleur de chaque maison tout en respectant son identité unique.* »

Profiter pendant les ralentissements économiques

Une autre source de critiques vient de la perception selon laquelle les marques de luxe, y compris celles de LVMH, profitent de manière disproportionnée en période de difficultés économiques mondiales. Pendant la pandémie de COVID-19, par exemple, LVMH a enregistré des revenus records en 2021, tirés par une forte demande de produits de luxe de la part des consommateurs fortunés. Alors que certains louaient la capacité d'Arnault à s'adapter aux conditions du marché, d'autres critiquaient la juxtaposition de la réussite financière de LVMH et des difficultés économiques généralisées.

Arnault a répondu à ces critiques en soulignant les contributions économiques de LVMH, notamment la création d'emplois et le soutien à l'artisanat. « *LVMH, ce n'est pas seulement une affaire de luxe ; il s'agit de soutenir des industries et des artisans qui autrement pourraient disparaître* », a-t-il déclaré.

Impact sur la perception du public

Ces controverses ont indéniablement façonné la façon dont Arnault est perçu par le public. Si certains admirent son génie stratégique et sa résilience, d'autres le voient comme un symbole des excès de richesse et de pouvoir. Néanmoins, la capacité d'Arnault à faire face à de telles critiques et à maintenir la position de LVMH en tant que leader mondial du luxe témoigne de sa perspicacité et de sa capacité d'adaptation exceptionnelles.

La carrière d'Arnault illustre la nature à double tranchant du succès dans l'industrie du luxe. Ses stratégies audacieuses et son dynamisme incessant ont propulsé LVMH à des sommets sans précédent, mais elles ont également suscité un examen minutieux et des critiques. Pour les aspirants entrepreneurs, la leçon consiste à équilibrer ambition et responsabilité et à comprendre que la perception du public fait partie intégrante du succès à long terme.

Comment Arnault a géré l'examen des médias et transformé les défis en opportunités

Bernard Arnault a fait l'objet d'une attention médiatique considérable tout au long de sa carrière, en raison de controverses autour de ses pratiques commerciales, de ses acquisitions et de ses décisions personnelles. Malgré cela, sa capacité à relever de tels défis avec sang-froid et stratégie a joué un rôle déterminant dans le maintien du prestige de LVMH et de sa position de leader mondial du luxe.

Une réponse stratégique à la presse négative

L'approche mesurée d'Arnault à l'égard de la critique des médias reflète sa conviction qu'il faut donner la priorité à une vision à long terme plutôt qu'à une réaction négative à court terme. Face à une presse négative, Arnault s'engage rarement dans des conflits publics. Au lieu de cela, il tire parti de la transparence et de déclarations publiques soigneusement rédigées pour répondre aux controverses. Par exemple, lors du tumulte suscité par sa demande de citoyenneté belge en 2013, Arnault a publié une déclaration officielle clarifiant ses intentions. Même si la controverse a temporairement porté atteinte à son image, sa réponse franche a contribué à apaiser les spéculations.

De même, à la suite des critiques suscitées par des acquisitions agressives, Arnault recadre systématiquement ces démarches comme des efforts visant à protéger et à valoriser le patrimoine des marques de luxe. Son message met l'accent sur la gestion, le savoir-faire et les contributions culturelles mondiales de LVMH. En changeant le discours, Arnault veille à ce que les valeurs et les engagements de LVMH occupent une place centrale.

Transformer les critiques en opportunités

Arnault a une capacité unique à transformer les défis en opportunités pour LVMH. Par exemple, l'attention portée par les médias à l'impact environnemental des marques de luxe a incité LVMH à accélérer ses initiatives en matière de développement durable. Sous la direction d'Arnault, l'entreprise a lancé le *LIFE (Initiatives LVMH Pour l'Environnement)* programme, qui fixe des objectifs ambitieux en matière de neutralité carbone, d'approvisionnement durable et de réduction des déchets. Cela a non seulement répondu aux préoccupations du public, mais a également positionné LVMH comme un leader du luxe durable, attirant les consommateurs soucieux de l'environnement.

De même, lors de l'incendie de la cathédrale Notre-Dame en 2019, Arnault a été confronté au scepticisme initial lorsque LVMH a promis 200 millions d'euros pour les efforts de restauration. Les critiques ont remis en question les motivations d'un don aussi médiatisé, suggérant qu'il s'agissait d'un coup publicitaire. Cependant, Arnault a profité de cette occasion pour souligner l'engagement de LVMH en faveur de la préservation de la culture, un principe fondamental de la philosophie de sa marque. Cet acte philanthropique a renforcé l'identité de LVMH en tant que gardien du patrimoine et de la tradition, renforçant ainsi sa réputation dans le monde du luxe.

Rester concentré sur les objectifs à long terme

L'une des caractéristiques du leadership d'Arnault est sa capacité à rester concentré sur les objectifs à long terme malgré les critiques. Il considère l'examen minutieux des médias comme un aspect inévitable de la direction d'un empire mondial, traitant les controverses comme des opportunités de renforcer les valeurs fondamentales de LVMH. Cet état d'esprit lui a permis de diriger l'entreprise à travers des périodes de turbulences, comme la crise financière de 2008 et la pandémie de COVID-19, sans perdre de vue sa vision de la croissance.

Un exemple notable est la réponse d'Arnault aux accusations de comportement monopolistique. Alors que les critiques affirmaient que la domination de LVMH étouffait la concurrence, Arnault s'est concentré sur les avantages de ses acquisitions, tels que la préservation du savoir-faire traditionnel et la garantie de la stabilité financière des petites marques. En entretenant ce récit, il a renforcé la réputation de LVMH en tant que gardien du patrimoine de luxe plutôt qu'en tant que conglomérat monopolistique.

Tirer parti de la philanthropie et de la culture pour façonner la perception du public

Arnault utilise fréquemment les contributions de LVMH aux arts et à la culture pour contrer la presse négative. Des initiatives comme la Fondation Louis Vuitton, un musée d'art contemporain ouvert en 2014, démontrent l'engagement de LVMH en faveur de l'enrichissement culturel. Ces efforts rappellent la valeur sociétale plus large qu'apporte LVMH, détournant l'attention des critiques et renforçant l'impact positif de l'entreprise.

De plus, Arnault a adopté l'innovation numérique pour se connecter directement avec les consommateurs et façonner la perception du public. Les initiatives de LVMH dans le domaine du commerce électronique et des expériences de mode virtuelles pendant la pandémie ont fait preuve d'agilité et de pertinence, méritant des éloges pour l'approche avant-gardiste de l'entreprise.

La réponse d'Arnault aux critiques souligne l'importance de la résilience, de l'adaptabilité et des messages stratégiques pour faire face à l'examen public. En privilégiant la transparence, en tirant parti de la philanthropie et en se concentrant sur des objectifs à long terme, il a constamment transformé les défis en opportunités de croissance et d'innovation. Les futurs dirigeants peuvent tirer de précieuses leçons de sa capacité à rester concentré et à renforcer la réputation de sa marque face à l'adversité.

Points de réflexion

En réfléchissant à l'approche de Bernard Arnault en matière de gestion des controverses et des critiques, réfléchissez à la manière dont ses stratégies de leadership peuvent inspirer vos propres pratiques commerciales et votre croissance personnelle. Voici plusieurs questions qui suscitent la réflexion pour vous aider à relier les leçons de ce chapitre à vos propres expériences et ambitions :

1. Comment gérez-vous les critiques dans votre vie professionnelle ou personnelle ?

Réfléchissez à la façon dont la réponse calme et mesurée d'Arnault face à l'examen négatif des médias peut servir de modèle pour gérer vos propres réactions aux critiques. Réagissez-vous de manière impulsive ou prenez-vous du recul pour considérer les implications à long terme ?

2. Quel rôle la transparence joue-t-elle dans l'instauration de la confiance avec vos parties prenantes ?
La communication transparente d'Arnault pendant les crises lui a permis d'entretenir une relation solide avec les clients, les investisseurs et les employés. Comment pouvez-vous intégrer la transparence dans votre modèle économique ou votre style de leadership pour favoriser la confiance ?

3. Comment pouvez-vous transformer la réaction du public en une opportunité de croissance ?
La capacité d'Arnault à transformer la presse négative en opportunités pour mettre en valeur les contributions de LVMH à la culture et au développement durable est une leçon puissante. Quelles opportunités potentielles pourraient découler de vos propres défis ou critiques ?

4. Quelle est votre vision à long terme pour votre entreprise et comment restez-vous concentré sur celle-ci en temps de crise ?

L'accent mis par Arnault sur le succès à long terme plutôt que sur les fluctuations à court terme lui a permis de bâtir un empire durable. Dans quelle mesure votre vision à long terme est-elle claire et comment y restez-vous engagé pendant les périodes difficiles ?

5. Comment trouvez-vous l'équilibre entre répondre aux préoccupations immédiates et rester fidèle à vos valeurs fondamentales ?

Arnault est connu pour rester fidèle aux valeurs de LVMH malgré les pressions du marché. Dans quels domaines de votre vie professionnelle ou personnelle pourriez-vous gagner à résister aux pressions à court terme pour préserver vos valeurs fondamentales ?

6. Comment garantissez-vous que votre marque se démarque même dans un climat économique difficile ?

La capacité d'Arnault à maintenir le prestige de LVMH, même en période de récession, offre un aperçu précieux de la résilience de la marque. Quelles mesures pouvez-vous prendre pour garantir que votre marque reste forte et pertinente face aux défis économiques ?

7. Comment accordez-vous la priorité à la responsabilité sociale et quel impact a-t-elle sur votre marque ou votre réputation ?

Arnault utilise les efforts philanthropiques de LVMH pour contrer la presse négative. Comment intégrer la responsabilité sociale dans votre stratégie de marque et quel impact positif cela pourrait-il avoir sur votre réputation ?

8. De quelles manières pouvez-vous gérer la perception du public tout en restant authentique envers votre mission ?

La stratégie d'Arnault consistant à utiliser les défis comme plateforme pour communiquer ses valeurs démontre sa capacité à gérer la perception du public. Comment pouvez-vous maintenir l'authenticité de votre personnalité publique tout en gérant l'image de votre entreprise ou de votre marque ?

Ces points de réflexion encouragent une compréhension plus approfondie de la relation complexe entre leadership, contrôle public et gestion de crise, en tirant les leçons des expériences de Bernard Arnault qui peuvent être appliquées à tout parcours entrepreneurial ou de leadership.

Conclusion

Le parcours de Bernard Arnault, de jeune entrepreneur de la province de France à leader du conglomérat de luxe le plus précieux au monde, témoigne de son ambition, de sa stratégie, de sa résilience et de sa vision. Son histoire n'est pas seulement un modèle de réussite commerciale ; c'est aussi une leçon sur la recherche de l'excellence, le pouvoir de l'adaptabilité et l'importance de l'innovation dans un paysage mondial en constante évolution.

Leçons des premiers faux pas et leur rôle dans l'élaboration de ses décisions futures

L'ascension d'Arnault a été loin d'être linéaire et ses premières expériences ont offert des leçons inestimables qui ont façonné son esprit stratégique et son approche du leadership. L'une de ses premières entreprises, travaillant dans l'entreprise de construction de son père, Ferret-Savinel, lui a appris l'importance de la prise de risque calculée et de l'adaptabilité. Au début de sa carrière, Arnault a fait preuve d'une volonté de pivoter ; après avoir convaincu son père de faire passer l'entreprise de la construction à l'immobilier, il a démontré son premier changement stratégique majeur. Cette décision n'était pas sans défis, mais elle préfigurait les mesures audacieuses et transformatrices qui définiraient sa carrière.

L'acquisition de Christian Dior : leçons de patience et de stratégie

L'acquisition par Arnault de Boussac Saint-Frères, l'entreprise textile en difficulté qui possédait Christian Dior, reste un tournant décisif. Son entrée dans l'industrie du luxe se heurte à des obstacles : Boussac est accablé de dettes et de filiales non rentables. Cependant, la décision d'Arnault de céder les actifs sous-performants et de se concentrer sur Dior a montré sa capacité à prendre des décisions stratégiques difficiles. Cette période a mis en lumière deux enseignements essentiels :

1. Concentrez-vous sur les compétences de base : En limitant l'attention de Boussac à Dior, Arnault a jeté les bases de la stratégie de domination d'une marque unique qui allait devenir sa marque de fabrique.

2. Le pouvoir du leadership visionnaire : Arnault a vu le potentiel inexploité de Dior et a eu la clairvoyance d'en faire une icône mondiale, démontrant ainsi sa conviction d'investir dans une croissance à long terme.

Ces premiers défis ont appris à Arnault l'importance de la persévérance et la valeur de la construction d'une identité de marque forte et ciblée, principes qui ont guidé son leadership chez LVMH.

Gérer les revers de l'expansion mondiale

Les ambitions d'Arnault de se développer à l'échelle mondiale n'ont pas toujours rencontré un succès immédiat. Par exemple, les premières initiatives de LVMH sur les marchés émergents comme la Chine et l'Inde se sont heurtées à des résistances dues aux différences culturelles et aux fluctuations économiques. Plutôt que de battre en retraite, Arnault a adapté sa stratégie, en investissant massivement dans un marketing localisé, des partenariats et des magasins phares dans des lieux culturellement significatifs. Ces expériences ont renforcé sa conviction de comprendre les marchés locaux et d'adapter les approches pour trouver un écho auprès de publics divers.

Réflexion sur l'héritage et l'impact durable de Bernard Arnault sur l'industrie du luxe

Le leadership d'Arnault chez LVMH a fondamentalement remodelé l'industrie du luxe, laissant un héritage indélébile. Ses innovations ont dépassé les limites des marques de luxe traditionnelles, établissant de nouvelles normes d'excellence, d'exclusivité et de durabilité.

1. Redéfinir le luxe grâce à l'innovation
L'attention constante d'Arnault à l'innovation a été la pierre angulaire de son succès. En fusionnant l'artisanat traditionnel avec les tendances modernes, les marques LVMH comme Louis Vuitton, Dior et Bulgari sont restées ambitieuses tout en attirant un public plus jeune. Par exemple:

- Collaboration de Louis Vuitton avec des artistes : les collaborations avec des artistes renommés tels que Takashi Murakami et Yayoi Kusama ont apporté de nouvelles dimensions aux créations classiques, mêlant art et mode de manière révolutionnaire.

- Transformation numérique : l'accent mis par Arnault sur l'innovation numérique, notamment en tirant parti des plateformes de commerce électronique et des technologies immersives, a permis à LVMH de rester à l'avant-garde de l'expérience de vente au détail de luxe.

La philosophie d'Arnault – selon laquelle le luxe doit évoluer sans perdre son héritage – a permis à LVMH de rester pertinent sur un marché mondial dynamique.

2. Élargir la définition du luxe
Sous la direction d'Arnault, LVMH s'est étendu au-delà de la mode pour inclure des secteurs tels que les vins et spiritueux, les cosmétiques, la joaillerie et l'hôtellerie. Des marques comme Dom Pérignon, Sephora et Cheval Blanc sont désormais synonymes d'excellence dans leurs secteurs respectifs, démontrant la capacité d'Arnault à se diversifier tout en maintenant une qualité constante.

3. Engagement envers la préservation et la durabilité culturelles
Les initiatives d'Arnault pour préserver le patrimoine culturel ont eu un impact profond. LVMH a investi massivement dans la restauration

de monuments historiques, comme le Château de Versailles, et dans le soutien aux artistes émergents à travers des programmes comme le Prix LVMH des Jeunes Créateurs. Ces efforts soulignent la conviction d'Arnault selon laquelle le luxe doit être étroitement lié à l'enrichissement culturel.

En matière de développement durable, LVMH a adopté des pratiques respectueuses de l'environnement, allant de l'approvisionnement en matériaux durables à la réduction des émissions de carbone. L'engagement d'Arnault à équilibrer rentabilité et responsabilité environnementale crée un précédent important pour l'industrie.

Réflexions finales : leçons pour les aspirants entrepreneurs

L'histoire de Bernard Arnault est une masterclass en matière de réussite entrepreneuriale, offrant des informations inestimables à ceux qui cherchent à tracer leur propre chemin. Vous trouverez ci-dessous quelques-unes des leçons les plus importantes que vous pouvez tirer de son parcours :

1. L'importance de la vision à long terme
La carrière d'Arnault illustre le pouvoir de penser au-delà des gains immédiats. Son souci de créer des

marques durables plutôt que de rechercher des tendances à court terme a été la clé du succès de LVMH. Vous devez cultiver une vision claire et aligner vos décisions sur des objectifs à long terme.

2. *L'adaptabilité comme compétence de survie*

Qu'il s'agisse de faire face aux ralentissements économiques ou de répondre aux préférences changeantes des consommateurs, la capacité d'adaptation d'Arnault a été cruciale. Vous devez faire preuve de flexibilité et rester ouvert au changement, en considérant les défis comme des opportunités de croissance.

3. *Investissez dans les talents et la collaboration*

Le succès d'Arnault repose en partie sur sa capacité à attirer et à retenir les meilleurs talents créatifs. Ses collaborations avec des designers visionnaires comme Marc Jacobs et Kim Jones illustrent l'importance de s'entourer de penseurs innovants. Vous devez donner la priorité à la constitution d'équipes solides et diversifiées.

4. Concentrez-vous sur la qualité et l'exclusivité
L'accent mis par LVMH sur la qualité et l'exclusivité sans compromis l'a distingué de ses concurrents. Vous devez apprendre l'importance de maintenir des normes élevées et de créer des produits ou des services qui trouvent un écho profond auprès de leur public cible.

5. Prise de risques stratégique
Les acquisitions et investissements audacieux d'Arnault, comme l'achat de Tiffany & Co., démontrent l'importance des risques calculés. Vous devez évaluer minutieusement les opportunités potentielles tout en étant prêt à sortir de votre zone de confort.

6. Résilience face aux critiques
Tout au long de sa carrière, Arnault a été confronté à l'attention du public et à des controverses. Sa capacité à garder son sang-froid et à se concentrer sur ses objectifs offre une précieuse leçon de résilience. Vous devez apprendre à gérer les critiques avec grâce et à transformer l'adversité en force.

7. Équilibrer tradition et innovation
La capacité d'Arnault à honorer l'héritage de marques comme Dior tout en adoptant les tendances modernes souligne l'importance d'équilibrer tradition et innovation. Vous devez chercher des moyens d'évoluer sans perdre de vue vos valeurs fondamentales.

Le parcours de Bernard Arnault montre le pouvoir transformateur de la vision, de la stratégie et de la persévérance. Grâce à son leadership, LVMH est devenu plus qu'un conglomérat : c'est un symbole d'aspiration, d'excellence et d'importance culturelle.

L'impact d'Arnault s'étend au-delà de l'industrie du luxe, offrant un modèle pour naviguer dans la concurrence, les crises et l'évolution des marchés. Sa capacité à s'adapter, à innover et à inspirer souligne la pertinence intemporelle de son approche. Les entrepreneurs en herbe peuvent trouver dans son histoire une source d'inspiration, un rappel que le succès repose sur le travail acharné, la résilience et le courage de rêver grand.

Alors que le monde du luxe continue d'évoluer, l'héritage d'Arnault perdurera sans aucun doute, servant de phare aux futurs dirigeants qui osent défier les conventions et redéfinir ce qui est possible.

Annexe A

Chronologie des événements majeurs de la carrière de Bernard Arnault

1949 - Naissance et premières années

5 mars 1949 : Bernard Arnault est né à Roubaix, ville industrielle du nord de la France. Élevé dans une famille avec une solide expérience en affaires, le père d'Arnault, Jean Arnault, était propriétaire de l'entreprise de génie civil Ferret-Savinel, qui a façonné l'exposition précoce de Bernard à l'entrepreneuriat.

1971 - Graduation from École Polytechnique

Arnault est diplômé de la prestigieuse École Polytechnique de Paris, obtenant un diplôme d'ingénieur. Cette formation rigoureuse a développé ses compétences d'analyse et de résolution de problèmes, qui sont devenues fondamentales pour ses futures décisions commerciales.

1976 - Première décision commerciale majeure

Arnault a convaincu son père de réorienter Ferret-Savinel de la construction vers le développement immobilier. Ce pivot comprenait la vente de la division construction et le réinvestissement dans une société immobilière de vacances appelée Ferinel.

1984 - Enters the Luxury Industry with Boussac Saint-Frères

Arnault, avec 15 millions de dollars de sa famille et 80 millions de dollars de partenaires d'investissement, a acquis l'entreprise textile en difficulté Boussac Saint-Frères. Cette acquisition lui donne le contrôle de plusieurs actifs, dont la célèbre maison de couture Christian Dior. Arnault a cédé la plupart des autres actifs de Boussac, se concentrant entièrement sur la revitalisation de Dior.

1985 - Président de Christian Dior

Arnault devient Président-Directeur Général de Christian Dior, marquant le début de son parcours dans le secteur du luxe. Sous sa direction, Dior a été restructurée pour se concentrer sur l'exclusivité et l'attrait intemporel, jetant ainsi les bases de son succès mondial.

1987 - Création de LVMH

Moët Hennessy et Louis Vuitton ont fusionné pour former LVMH (Louis Vuitton Moët Hennessy), créant ainsi le plus grand conglomérat de luxe au monde. Arnault a vu une opportunité de consolider le marché fragmenté du luxe sous une direction unifiée.

1989 - Prend le contrôle de LVMH

Arnault a exécuté une série de mesures stratégiques, notamment en acquérant une participation de 24 % dans LVMH et en augmentant son influence grâce à des alliances. En janvier 1989, il détient 43,5 % des droits de vote du groupe, devenant ainsi son actionnaire majoritaire. Il est ensuite nommé Président-Directeur Général.

Ce fut un tournant dans la carrière d'Arnault, puisqu'il commença à faire de LVMH le leader mondial du luxe.

Années 1990 – Acquisitions agressives de marques

Tout au long des années 1990, Arnault développe LVMH en acquérant plusieurs marques prestigieuses :
- **1993 :** LVMH acquiert Berluti et Kenzo, diversifiant ainsi son portefeuille dans la mode masculine et le design avant-gardiste.
- **1994 :** L'acquisition de Guerlain a permis à une maison de parfums de renom d'entrer dans le giron.
- **1996 :** Céline rejoint le label LVMH, renforçant ainsi sa présence dans le prêt-à-porter féminin.
- **1997 :** Arnault a embauché Marc Jacobs comme directeur artistique de Louis Vuitton, transformant ainsi l'identité créative de la marque.

1999 - Entrée sur le marché de la beauté et des cosmétiques

LVMH a racheté Sephora, révolutionnant le paysage de la vente au détail de produits de beauté grâce à son concept innovant de vente ouverte.

Cette acquisition permet à LVMH de conquérir un public plus large dans le secteur de la beauté de luxe.

2001 - Diversification vers l'horlogerie et la joaillerie

Conscient du potentiel de croissance des accessoires de luxe, Arnault a conduit LVMH à acquérir Tag Heuer, Zenith et finalement Bulgari en 2011. Cette diversification a permis à LVMH de dominer les segments de la joaillerie et de l'horlogerie parallèlement à son succès dans la mode et les parfums.

2004 - Ouverture du projet de la Fondation Louis Vuitton

Arnault a annoncé des plans pour la Fondation Louis Vuitton, un musée d'art et centre culturel conçu par l'architecte Frank Gehry. La fondation, inaugurée en 2014, a souligné l'engagement d'Arnault à mêler art et luxe.

2008 - Naviguer dans la crise financière

Pendant le ralentissement économique mondial, Arnault a mis en œuvre des stratégies pour maintenir la rentabilité de LVMH, notamment en donnant la priorité aux produits à forte marge et en rationalisant les opérations. Malgré la réduction des dépenses de consommation, LVMH en est ressorti plus fort, démontrant la résilience du marché du luxe.

2011 - Acquisition de Bulgari

Dans le cadre de l'une des transactions les plus médiatisées de l'histoire de LVMH, Arnault a acquis le joaillier italien Bulgari dans le cadre d'une transaction en actions évaluée à 5,2 milliards de dollars. Cet accord renforce la division joaillerie de LVMH, ce qui en fait un redoutable concurrent sur le marché mondial.

2017 - Revenus records et expansion continue

LVMH a enregistré un chiffre d'affaires record de 42,6 milliards d'euros, porté par une croissance robuste dans tous les secteurs. Arnault attribue ce succès aux stratégies marketing innovantes du groupe et à sa capacité à s'adapter à l'évolution des comportements des consommateurs.

2019 - Acquisition de Tiffany & Co.

LVMH a annoncé l'acquisition de Tiffany & Co. pour 16 milliards de dollars, ce qui constitue la plus grosse transaction de l'histoire du luxe. Cette acquisition a été finalisée en 2021, renforçant encore la domination de LVMH dans le secteur de la joaillerie.

2020 - Réponse à la pandémie de COVID-19

Arnault a démontré sa capacité d'adaptation pendant la pandémie de COVID-19 en réorientant les opérations de LVMH vers la production de désinfectant pour les mains pour les hôpitaux français. Il a également donné la priorité aux canaux de vente numériques, assurant ainsi la résilience du groupe pendant la crise mondiale.

2021 – Devient la personne la plus riche du monde

Pendant une brève période, Arnault a dépassé Jeff Bezos pour devenir la personne la plus riche du monde, avec une valeur nette dépassant les 200 milliards de dollars. Cette étape témoigne de la croissance extraordinaire de LVMH sous sa direction.

2023 - Innovation et expansion continues

Arnault a étendu les activités hôtelières de LVMH à travers les propriétés Cheval Blanc et Belmond, renforçant ainsi la position du groupe dans le secteur du luxe expérientiel. Le chiffre d'affaires de LVMH a dépassé les 79 milliards d'euros, affirmant ainsi son statut de premier conglomérat mondial du luxe.

Annexe B

Liste des marques LVMH et leur année d'acquisition

La direction de LVMH par Bernard Arnault a été marquée par une série d'acquisitions stratégiques qui ont transformé le conglomérat en la plus grande entreprise de produits de luxe au monde. Vous trouverez ci-dessous une liste détaillée des acquisitions notables de marques LVMH, organisées par ordre chronologique, y compris les secteurs qu'elles représentent et leur importance pour le portefeuille de LVMH.

1984 : Christian Dior

- **Secteur :** Mode et Couture
- **Détails :** Arnault a pris le contrôle de Christian Dior grâce à l'acquisition de l'entreprise textile en faillite Boussac Saint-Frères. Cette acquisition constitue la pierre angulaire de l'entrée d'Arnault dans l'industrie du luxe et constitue la base de la construction de son empire.

1987 : Création de Louis Vuitton Moët Hennessy

- **Secteur :** Mode, Vins & Spiritueux
- **Détails:** La fusion de Louis Vuitton, une maison de couture de luxe réputée, et de Moët Hennessy, réputée pour ses marques de champagne et de cognac, a donné naissance à LVMH. Arnault rejoint la société en tant qu'actionnaire important et en devient Président-Directeur Général en 1989.

1993 : Berluti

- **Secteur :** Mode Homme
- **Détails:** Acquis pour diversifier l'offre de LVMH, Berluti est spécialisé dans la maroquinerie et la chaussure de luxe.

1993 : Kenzo

- **Secteur :** Mode
- **Détails:** Cette acquisition fait entrer LVMH dans le monde du design d'avant-garde, élargissant son attrait auprès des consommateurs plus jeunes et plus éclectiques.

1994 : Guerlain

- **Secteur :** Parfums et Cosmétiques
- **Détails:** LVMH rachète Guerlain, une maison de parfums française historique, marquant ainsi sa première entrée majeure dans le secteur de la beauté.

1996: Céline

- **Secteur :** Mode
- **Détails:** L'acquisition de Céline renforce encore la présence de LVMH dans le prêt-à-porter et les accessoires féminins.

1997 : Marc Jacobs

- **Secteur :** Mode
- **Détails:** LVMH a acquis la marque Marc Jacobs, faisant plus tard du créateur le directeur créatif de Louis Vuitton, renforçant ainsi considérablement l'attrait mode de la marque.

1999 : Séphora

- **Secteur :** Commerce de détail et beauté
- **Détails:** LVMH acquiert Sephora et révolutionne le secteur de la vente au détail de produits de

beauté avec son concept de vente ouverte, rendant les produits haut de gamme plus accessibles.

1999 : TAG Heuer

- **Secteur :** Montres
- **Détails:** Cela marque l'entrée de LVMH dans le secteur horloger, en se concentrant sur la précision et l'innovation dans les montres de luxe.

2000 : Emilio Pucci

- **Secteur :** Mode
- **Détails:** Connue pour ses imprimés éclatants, l'acquisition de Pucci a diversifié le portefeuille de mode de LVMH.

2001 : Fendi

- **Secteur :** Mode
- **Détails:** LVMH et Prada ont acquis une participation majoritaire dans Fendi, avant de la transférer entièrement sous le contrôle de LVMH. Les sacs à main Fendi, notamment le Baguette, sont devenus emblématiques sous la direction de LVMH.

2001 : Zénith

- **Secteur :** Montres
- **Détails:** Cet horloger suisse a renforcé le segment des montres de luxe de LVMH.

2011 : Bulgari

- **Secteur :** Bijoux et montres
- **Détails:** L'acquisition de Bulgari pour 5,2 milliards de dollars a constitué une étape majeure, faisant de LVMH un leader sur les marchés de la joaillerie et de l'horlogerie de luxe.

2013 : Loro Piana

- **Secteur :** Mode et textile
- **Détails:** En acquérant 80 % du capital de Loro Piana, LVMH entre sur le marché du cachemire et du textile de très grand luxe.

2016 : Rimowa

- **Secteur :** Bagage
- **Détails:** L'acquisition de Rimowa a fait découvrir à LVMH les accessoires de voyage de luxe, alliant innovation et savoir-faire.

2017 : Christian Dior Couture

- **Secteur :** Mode
- **Détails:** LVMH a consolidé sa participation dans Dior en acquérant Christian Dior Couture pour 6,5 milliards d'euros, l'intégrant ainsi pleinement au conglomérat.

2018 : Belmond

- **Secteur :** Hospitalité
- **Détails:** LVMH a acquis le groupe hôtelier de luxe Belmond pour 3,2 milliards de dollars, se diversifiant ainsi dans le luxe expérientiel et les voyages.

2021 : Tiffany & Co.

- **Secteur :** Bijoux
- **Détails:** Dans le cadre d'un accord de 16 milliards de dollars, LVMH a acquis Tiffany & Co., ce qui constitue la plus grande acquisition de l'histoire du luxe. Cette décision a consolidé la domination de LVMH sur le marché mondial de la joaillerie.

Au-delà des acquisitions directes, LVMH possède également ou détient des participations dans plus de 75 marques prestigieuses dans les domaines de la mode, de la beauté, de la joaillerie, de l'horlogerie, du vin, des spiritueux et de l'hôtellerie.

Ce vaste portefeuille reflète la vision stratégique d'Arnault visant à dominer tous les segments du marché du luxe tout en maintenant un équilibre entre tradition et innovation.